CONCHITA DE FUENTES

@abueliconchita2

Ganas de tener ganas

El poder de la actitud

Arcopress • Colección Desarrollo personal
Dirección editorial: Pilar Pimentel
Edición al cuidado de Rebeca Rueda
Diseño de cubierta: Fernando de Miguel

www.arcopress.com
pedidos@almuzaralibros.com - info@almuzaralibros.com

Editorial Almuzara
Parque Logístico de Córdoba. Ctra. Palma del Río, km 4.
C/8, nave L2, n.º 3, 14005, Córdoba.

Imprime: Gráficas La Paz
ISBN: 978-84-10354-51-7
Depósito legal: CO-1727-2024
Hecho e impreso en España - *Made and printed in Spain*

Dedicado a mis hijos y sus familias,
y a todos mis amigos.

Mi agradecimiento a Yareli Funes,
mi hondureña, perfecta secretaria.

Nota del editor

Mi labor como editora es parecida a la de un jardinero que se atreve a podar, a dar forma y a nutrir el vergel literario que es cualquier manuscrito; algo parecido a lo que el testimonio de Conchita nos invita a realizar en la vida: eliminar lo que nos sobra, tomar el control de nosotros mismos y potenciar nuestras virtudes.

Cuando leí el original de *Ganas de tener ganas*, mi primera reacción fue la sorpresa, y es que yo esperaba solo un libro inspirador, pero me encontré algo mucho más profundo y complejo: una obra con un fascinante poder transformador. De modo que, querido lector, prepárate para tu propia evolución, puesto que, cuando acabes de leer estas páginas, serás una persona mucho más capacitada para disfrutar de la vida.

El buen editor no teme señalar las imperfecciones del texto para exprimir el potencial de la obra. Estas páginas nos muestran que nosotros hemos de hacer eso mismo ante nuestra existencia: un ejercicio continuo de transgresión contra la mediocridad, que nos conduzca, en un acto de amor propio, a alcanzar la excelencia de la novela más valiosa; nuestra vida.

El testimonio sincero de Conchita es tan auténtico que logra conectar de inmediato con las emociones y la mente de quien, como yo, tiene el privilegio de leerlo. La sabiduría de esta admirable mujer brilla a lo largo de un texto que nos brinda una gran dosis de motivación y las claves para mantener una actitud positiva ante la vida. El relato honesto de sus vivencias y sus siempre clarividentes reflexiones nos abocan, de manera irremediable, a un viaje introspectivo para encontrar esa fuerza oculta que albergamos en los abismos de nuestro interior.

Enfréntate armado con un buen talante a la tormenta de la realidad descontrolada, como nosotros, los editores, desafiamos cada día a la irreverente prosa desbocada.

Te deseo, ávido lector, que disfrutes, tanto como yo, de *Ganas de tener ganas*; uno de esos libros especiales e infrecuentes que no solo hablan, sino que también escuchan. Estoy segura de que se convertirá en el mejor aliado para colmar tu espíritu de la esperanza, el tesón e ilusión que habitan en la honda mirada inteligente y lúcida de Conchita, nuestra apreciada autora.

PILAR PIMENTEL
Directora de Arcopress

PRÓLOGO
Ángel Galdo Fuentes

Escribo el prólogo del primer libro de mi señora madre, Conchita de Fuentes Gómez de Salazar, por obediencia debida. Menudo compromiso.

De hecho, intenté escurrir el bulto y le sugerí algunos nombres de alto copete, amigos suyos o amigos de sus muchos amigos, seguro de que cualquiera aceptaría prologar a una persona con cien mil y pico seguidores en Instagram. No coló, así que valor y al toro.

Ganas de tener ganas es un acierto ya desde el título, por su originalidad y porque resume muy bien el contenido.

El objetivo del libro es invitar a las personas mayores a no tirar la toalla de la ilusión; a que se sobrepongan a sus limitaciones y achaques, y a que persistan en el optimismo y la alegría de darse a los demás.

La fórmula está clara según la autora: ejercicio, buenos alimentos, buenas compañías, leer, escribir a mano y un poquito de espiritualidad.

Esto la gente lo «compra» y lo necesita, como demuestra el éxito de @abueliconchita2 en Instagram. El libro, en realidad, es un compendio de ese material en la nube, puesto por escrito en papel.

La idea de introducir a la abueli en las redes sociales fue de su nieta Blanca, que estudia su carrera en Murcia. Los primeros videos en Instagram fueron grabados por Ana Losada, hija de Sacramento, mi prima favorita. Pero lo dejó pronto, con una buena excusa también: debía concentrarse en sus oposiciones.

Me tuve que ocupar yo, que no sé nada de redes ni de casi nada de estas modernidades, e hice un buen número de las grabaciones, junto con Yareli, asistenta hondureña, cuya aparición en la casa ha sido providencial para el proyecto.

En esas, estaba sentado al lado de mi madre mientras preparaba los contenidos de los videos, que al principio ella intentaba fundamentar en la calidad y la cantidad de la información, cuando, tras algún tiempo trabajando con las redes, nos dimos cuenta de que los protagonistas no eran los datos o las citas de geriatras punteros. Cualquiera que esté interesado de verdad puede encontrar esa información en internet con solo hacer unos cuantos clics. La estrella de los videos, el motivo del éxito del canal, es ella y solo ella. De esta forma, poco a poco, los videos subidos se han ido adaptando a no pasar de los dos minutos y pico, y ya no los prepara tanto, sino que se deja fluir; explica sus sentimientos, nada más, con naturalidad, cordialidad, respeto y mucho estilo.

En esos videos vemos y oímos a la auténtica abueli, aunque se le notan las tablas de intérprete aficionada y el influjo de las grandes actrices cuyo trabajo sobre los escenarios ha diseccionado desde su butaca en primerísima fila —siempre que fuera posible—.

Mi hermano Eduardo podría perfectamente hacer una película con ella como estrella invitada. Lo digo en serio. Tendría que ser un papel importante pero cortito, porque nuestra madre no está ya para muchos traqueteos…

Ese papel habría de permitirle hacer un mínimo de apostolado, eso sí, porque no puede ni quiere evitarlo. Siempre me fascinó observar cómo intentaba insuflar a mis amigos un toque de interés por la vida interior, como quien no quiere la cosa. No digo que funcionara, quién sabe, pero sí que todos, al final, simpatizaron con ella. Es una persona magnética. En mi opinión, ese es precisamente uno de los secretos de la popularidad de @abueliconchita2: no oculta su ser, pero lo expone con gracia, discreción y respeto.

Uno de los primeros videos de respuesta que recibió mi madre de sus seguidores era de un abultado señor en su moto Harley, parada, en camiseta de tirantes, mostrando sus tatuajes. Decía: «Señora, Vd. me ha cambiado la vida».

Desde entonces, han sido muchas las veces en las que he presenciado que algunos desconocidos la abordan por la calle y, en más de una ocasión, con lágrimas en los ojos. Hay gente que sospecha que tiene patrocinadores comerciales, pero no es así, y le disgusta mucho que exista esa duda. ¡Menuda millonaria sería mi madre! Aunque me temo que le daría la pasta a Cáritas y a otras de sus organizaciones solidarias favoritas, que son legión.

Mi madre es una persona venerable. Sé que debe haber otras muchas por ahí, pero ella es la única que he tenido cerca. Le duele España y el mundo, y sigue las noticias de Vicente Vallés con estupefacción. Reza por muchas personas y a todas las lleva en su corazón.

Habla inglés bastante bien, o, por lo menos, siempre consigue entender el idioma y que la entiendan cuando lo habla. Los cuatrocientos millones de hispanohablantes no le son suficientes; ella quiere poder abrazar a todo el mundo, cualquiera que sea su religión, incluso aunque no tengan ninguna.

Leer su libro me ha emocionado, no hasta la lágrima, porque, en mi caso, eso es difícil..., pero casi. La prosa transcurre suave; sin embargo, cada diez o quince páginas, pega un bombazo, dejando momentos memorables, épicos. Como cuando mienta a Platón, primer teórico de la democracia, y hace temblar las columnas de los templos de la política. Porque doña Conchita es libre; más que la inmensa mayoría, me parece. Tendrá razón a veces, y otras, quizá, no tanto, quién sabe; pero piensa profundamente, siente y dice. Sin miedo.

Creo que está segura del amor, la lealtad, la admiración y el agradecimiento que sus hijos le profesamos. Madres hay, a lo mejor, más de mil millones en el planeta Tierra, pero, como la de uno, ninguna. Y la nuestra, no veas...

De lo vivido a su lado en los últimos años, referido a su reconocimiento en Instagram, me quedo con un «pequeño detalle». Y es que ella no se esperaba lo que estaba por pasar en su vida —es obvio, por inimaginable—; pero esas «ganas» ya las tenía, sin duda, y esa formación y vocación de llamar la atención sobre su verdad.

Esperó con tranquilidad al fallecimiento de su marido antes de lanzarse a la piscina de la fama, y se dedicó a él los últimos meses de su vida, o años, por amor y por respeto. No es menos verdad que él lo merecía.

El Dr. Ángel Galdo tiene una calle dedicada en La Herradura, concedida, cosa rara, con él en vida. Triunfó como profesional y como ser humano, y también era abordado por la calle a menudo por gente que le echaba los brazos al cuello. Pero su gran logro —una vez me lo reconoció en privado— fue haber detectado y enamorado en una boda de pueblo a una beldad madrileña llena de diamantes en bruto. (Por cierto, cincuenta años después, supimos que no había sido invitado a esa boda. ¡Bendito sea!). La amó todos los días de su vida hasta la devoción; de hecho, la frase que más le oí decir fue «Lo que diga tu madre». Ser hijo de dos gigantes y ser bajito tiene su miga.

A lo largo de mi vida, habré comprado más de mil libros (y juro que la mayoría los he leído), y puedo afirmar, aunque tal vez juzgue desde el amor y la admiración de un hijo hacia su madre, lo reconozco (y lo dudo al mismo tiempo), sin vergüenza, que ninguno me ha emocionado tanto como este que el lector tiene en sus manos.

Que aproveche.

¡Gracias!

ÁNGEL GALDO (hijo)

Me pregunto por qué a mis noventa y un años me siento a escribir... Tal vez, por mi deseo de tener activado el cerebro y trabajar la memoria. Tal vez, por recuperar los recuerdos y mantenerlos vivos. Tal vez, por dejar a mis hijos una semblanza de mi persona. No sé... Quizás, porque intuyo la gran riqueza que esconden los muchos años vividos.

Iré pasando de un tema a otro, sin seguir un esquema rígido y volviendo de vez en cuando sobre algo ya tratado, en aparente desorden...

Pues verán ustedes: nací en Madrid en 1933, en una de las calles más bonitas de la ciudad, Antonio Maura, que tiene por extremos el Hotel Ritz y los jardines del Buen Retiro, con la puerta del Paseo de las Estatuas.

Mis padres fueron excepcionales; por lo tanto, vine al mundo en el seno de una familia maravillosa. Mi padre se casó con mi madre siendo viudo y aportó dos hijas al matrimonio que fueron auténticas hermanas para mí. Del segundo matrimonio nacimos tres: dos varones y yo.

Mi padre, militar de vocación, llegó a ser general de División de Infantería. Cuando pasó a la reserva, ejerció como registrador de la Propiedad, ya que había estudiado Abogacía y superado las oposiciones.

Igualmente, mis hermanos tuvieron dos carreras: uno, militar y abogado, y el otro, militar y periodista. Este último murió siendo gobernador militar de Madrid.

El mayor fue autor de varios libros; entre ellos, *El pacto del capó*, sobre el golpe de Estado del 23 F. De mis hermanas, una fue traductora de idiomas; la otra sintió vocación e ingresó en el convento de las Esclavas, dedicándose a la educación.

Habiendo participado en Instagram y teniendo la suerte de recibir amables mensajes animándome a seguir compartiendo contenido, se despierta en mí el deseo de comunicarme con vosotros, amigos y amigas, señoras y señores, a través de estas páginas.

Y, volviendo al principio, me pregunto: ¿qué es lo que pretendo escribiendo a mis noventa y un años? Está muy claro: sintiéndome a gusto en esta penúltima etapa de mi vida, querría transmitir y comunicar, a quien pudiera interesarle, mis modos, mis trucos, mis descubrimientos interesantes y la manera de aplicarlos en mi día a día.

Sí, me sorprendo de alcanzar esta edad y me siento feliz de haber superado serios problemas de salud e ir encajando bien sus secuelas. Estoy muy atenta a la necesidad de conservar la salud física y mental, y quiero llegar al final lo mejor posible.

Para ello, me detengo en preguntarme qué es el envejecimiento y por qué se produce. No me importa considerarme vieja, pero quiero saber por qué lo soy.

Recurro a mi sabio amigo Pablo Javier Mira, y me explica lo que creo que son las bases:

- En el proceso de envejecimiento, el sistema nervioso padece un estrés oxidativo.
- Las conexiones de las neuronas, que dan órdenes al movimiento, se van deteriorando.

- Aparece la sarcopenia: disminución de la fuerza y la masa muscular.

Pero, atención, ¡muy importante! Todo este proceso se puede retrasar gracias el ejercicio físico y erradicando factores de riesgo, como fumar, beber, llevar una vida sedentaria, comer en exceso o mal... Y, por supuesto, se necesita aumentar la actividad mental. ¿De qué modo? Basta con leer, escribir, hablar, preguntar, reflexionar; en definitiva, reparar en el sentido trascendente de la vida, abrir los brazos a la espiritualidad.

Sabemos que el cuerpo es un regalo de Dios y, como tal, debemos cuidarlo hasta el final. Seguramente lo hemos venido haciendo bastante bien a lo largo de la vida; de lo contrario, no estaríamos aquí. Pero ahora debemos continuar haciéndolo con más motivo. Mi consejo básico es muy simple: hay que pararse a pensar.

Le doy un gran valor a la lectura. Actualmente, estoy leyendo un libro que compré por su título, *El valor oculto de la amabilidad*, cuyo autor es un inglés, Lawrence G. Lovasik. Lo adquirí por este profundo deseo mío de contribuir a que el mundo salga de la indiferencia y de la descortesía, de la rudeza, y me llevé una grata sorpresa. El libro, en realidad, es un tratado de vida interior...

Sé que, al llevar a la práctica la lectura, nos encontramos dificultades con nuestros ojos: no tenemos la capacidad que teníamos tiempo atrás. Se impone, pues, leer en periodos cortos, descansar y aplicar los consejos de los especialistas: «Mirar con mirada larga» a través de una ventana o de un espacio largo, y añadir un poquito de gimnasia ocular, como mirar de reojo de derecha a izquierda varias veces, arriba y abajo y de modo circular a derecha e izquierda. Los oculistas aplauden este esfuerzo y dicen que es muy beneficioso.

Otro aspecto importante a la hora de cuidar de nuestro cuerpo que debe atraer nuestra atención es cómo mantenerse derecho y erguido.

Si observáis, la mayoría de las personas se van encorvando con la edad, lo cual causa enormes prejuicios en nuestro esqueleto. Dos trucos impepinables para evitarlo son levantar el pecho con las costillas (sin activar los hombros) y comprimir el abdomen. ¡Mágico! ¡Cómo se endereza la espalda!

Los médicos siempre nos hablan de lo importante que es andar. Sí, pero andar bien; que el suelo pélvico esté en su sitio... Y sentarse, a nuestra edad, siempre con las piernas en horizontal. Un especialista me dijo muy seriamente una vez: «Los pies jamás han de estar colgando». No me cuesta trabajo obedecerle, solamente tengo que colocar un taburete delante de mi butaca.

Y cuando supe cómo hay que cuidar la circulación de retorno, me propuse hacer a diario el ejercicio que un estupendo cardiólogo me recomendó: la máquina de coser (aquellas primeras máquinas que obligaban a mover los pies). No cuesta nada.

Si echo la vista atrás, me doy cuenta de que estas pequeñas prácticas hechas con rigor me han dado gran resultado. Simplemente, hay que proponérselo. Por ello, es bueno hablar con uno mismo: «¡Vamos a levantar el ánimo!». Lo ideal es generar un ambiente estimulante, en el que también estén a gusto los demás, y, aprovechando que hemos de cuidar mucho la retentiva, mi consejo es memorizar pequeños versos que nos estimulen, como estos de Jorge

Manrique: «Esta vida es el camino de la otra, / que es morada sin penar», o «Mas cumple tener buen tino / para andar ese camino sin errar».

Y, entre medias, podemos recurrir a ciertos estímulos: de noche, mirar las estrellas; de día, valorar la luz y la hermosura de lo que nos rodea. Y si llueve, contemplar el aguacero caer desde las alturas.

Y a propósito de esto: a nosotros, los mayores, nos afecta de manera especial la falta de lluvia. De jóvenes, usábamos constantemente el paraguas y el impermeable. Recuerdo que, cerca de casa, había una tiendecita solo para reparar paraguas. Entonces, cuando dejaba de llover, «se hacían rogativas». ¡Ah! ¡Pero claro! ¡Es que entonces había fe! Hoy, aseguraba en una entrevista en televisión el exministro Mayor Oreja, se ha perdido la espiritualidad, asunto bien preocupante: sin espiritualidad, la sociedad se hunde en el vacío, y de ahí se pasa a la violencia.

Nos asusta el estado del mundo, amigas y amigos, y creemos que nada se puede hacer. ¡Craso error! Está en nuestras manos darle la vuelta. ¿Cómo? Con nuestro buen ejemplo: preocupándonos por los demás y colaborando con las ONG de confianza, como Albihar y Harambee, o Del Social. Y, sobre todo, Cáritas y Cruz Roja.

Por otro lado, y siguiendo con la búsqueda del beneficio para nuestra salud —en este caso, más bien la emocional—, a nuestra edad tenemos que aprender a encajar cosas que nos asombran y no hubiéramos imaginado nunca. Necesitamos fortaleza y equilibrio ante sucesos tan terribles como la invasión de los okupas. ¡Qué estupor nos causa esto! Jamás habíamos visto semejante atropello... Hasta donde tenía entendido, los tres derechos del hombre —vida, libertad y propiedad privada— eran sagrados.

Ante esto, no puedo evitar acordarme de aquellos tres magníficos fundadores de Europa, Schumann, Degospery y K. Adenhauer, que tanto hicieron por nuestro continente. ¡Cómo sufrirían si vieran este circo!...

Frente a todas estas cosas, nosotros, los mayores —que somos los mejores—, tenemos que mantener alto el ánimo y reconciliarnos con el paso del tiempo y sus consecuencias, no solo sobre nosotros, sino sobre los que nos rodean, pues otro aspecto duro de superar es ver envejecer a nuestros hijos. Ellos se hacen mayores y pierden su lozanía, y yo recurro a Gloria Fuertes para decirles:

Y ahora,
a envejecer bien,
como el Jerez.
Ser también útil de viejo,
ser oloroso,
ser fino.
No ser vinagre,
ser vino.

Y cambiando de tema... ¿Qué me decís del espejo? ¡Qué diferente imagen nos devuelve!, ¿verdad? Muchas veces me pregunto quién es esa mujer que se asoma en mi reflejo. ¿Dónde están el brillo de mis ojos, mis espléndidos dientes y mis bonitas cejas? Bueno, han dado paso a un aspecto diferente, no cabe duda, pero ¡sigo siendo yo!

Foto de carnet de la piscina Neptuno, en Granada, donde llevábamos a los niños para que aprendieran a nadar. Año 1972.

Contra el tiempo, es bueno mimar nuestra apariencia, claro está; pero, en mi caso, también doy gran importancia a cuidar mi carácter tratando siempre de estar alegre. Hay que mirar por el esqueleto, claro que sí, pero también por el ánimo, el carácter. Fijaos: si no trabajamos los músculos de nuestra garganta, no se activarán. ¡Hay que volver a cantar!: *Amapola*, *El Soldadito*, las maravillas de la zarzuela, Betty Missiego... Si cantas, ¡es imposible estar triste o apagado!

Y otro factor relevante es asumir nuestra edad: tómate los achaques con sabiduría, consume solo las medicinas necesarias y acude al médico con cierta regularidad... Verás que unas dolencias vendrán para quedarse y otras se irán. Minimízalas diciéndote a ti mismo/a: «Hoy no estoy tan mal». Es importante que no nos importe tener que repetir constantemente la frase «No me acuerdo», o percibir que los hijos y nietos comentan entre ellos sobre nuestras constantes limitaciones. No pasa nada, ¡pelillos a la mar! Es mejor reírse de uno mismo y aceptar los desaciertos. Y si alguien en el pasado ha sido desatento con nosotros, recuerda a Lope de Vega, cuando dijo que «el mayor don del sabio es olvidar el agravio». Reparar en pequeños refranes o dichos que nos estimulan nos ayudará a sobrellevar los signos de la edad: «Al mal tiempo, buena cara».

A nuestra edad, podemos rescatar libros antiguos de nuestra biblioteca; releer frases significativas y bellas que aplicar a nuestro día a día, y redescubrir mundos maravillosos de los que se pueden obtener grandes aprendizajes.

Nuestra experiencia nos da ventaja para enseñar a los demás a querer, a escuchar, a conocer las propias limitaciones, a ser optimista, a tomar decisiones, a considerar menos los problemas y más las soluciones. También a reírnos con las cosas que oímos. Por ejemplo, recuerdo que, una vez, alguien me dijo en broma: «El SAS y la mafia son exactamente iguales, con una diferencia: la mafia está organizada». Comprendí entonces que es solo un chiste y me lo tomé como tal, pues personalmente soy una enamorada y admiradora de la Seguridad Social. Le debo mucho, ya que, a través de Teleasistencia, me brinda sus cuidados y me ofrece calidez y seguridad.

Otro gran consejo que os doy es que queráis mucho a la gente. Tratad de crecer en virtudes, comprensión, paciencia, confianza, y de asumir lo que no nos gusta. Ya dijo Cristo: «Cuando eras joven, tú te ceñías e ibas donde querías; cuando seas viejo, otros te ceñirán y te llevarán donde quieran».

Y hay que sorprenderse con los pequeños detalles. Os contaré una anécdota reciente para explicar esto: ayer me llamaron de Teleasistencia (el botón rojo) para interesarse por mí. Querían saber cómo había dormido, tras las pequeñas dificultades de mi salud. Yo les expresé mi agradecimiento por su excelente trabajo, y esta fue su respuesta: «España tendría que arrodillarse ante ustedes, los mayores, quienes sacaron este país adelante y nos dieron ejemplo de honradez, de laboriosidad y de temple». Cuando colgué el teléfono, estaba llorando, y me dije: «¡Sí, lo hemos hecho bien!».

Admiro, además, la capacidad de los jóvenes de saber valorar nuestro esfuerzo. Yo siempre tuve en gran estima el esfuerzo de mis padres, por eso me siento tan identificada con esos sentimientos de admiración.

Vienen recuerdos a mi memoria que me llenan de ternura. Mi madre, veinte años menor que mi padre, sin estudios —como era habitual en la época—, era persona de inteligencia excepcional: ama de casa ingeniosa, de carácter abierto y amistoso y enormes capacidades. Disfrutaba de una magnífica salud física y mental, pero no supo cuidarse a sí misma. No la enseñaron. Sus piernas se volvieron violáceas e inflamadísimas y sufrió sobrepeso. Sin embargo, supo mimar su carácter y ser deliciosamente atractiva en su trato. Recuerdo con emoción lo que una vez escribió de ella uno de sus nietos, mi hijo Eduardo:

A la abuela Concha

Ejemplo de ternura, educación exquisita, espíritu de esfuerzo. Creatividad inagotable, increíblemente polifacética, sorprendentemente mañosa, narradora incansable, jugadora imbatible. Añoro sus besos, sus manos suaves y sus certeros consejos.

Mantener buen ánimo no es tan difícil; solo se trata de reparar en los recuerdos, los viajes, los acontecimientos familiares. Es como abrir los álbumes de fotografías y ver a aquellos seres queridos que ya están en el cielo, los que fueron naciendo, los que se casaron y dejaron para el recuerdo unas bodas preciosas… Qué sé yo…

¡Parece que me estoy desviando un poco del tema! Sin embargo, a mi edad puedo permitirme el lujo de ir pasando de un asunto a otro, de no tener un esquema rígido, volviendo sobre algo ya tratado. De sobra es sabido que los viejos nos repetimos. Pero yo digo como Mafalda: «Ahora puedo decir lo que me da la gana».

Volviendo a los recuerdos de mi juventud, me hace gracia evocar que, dada mi afición a lo extraordinario, en casa, me llamaban por entonces Antoñita la Fantástica, por mi ilimitada capacidad imaginativa. Y no fue hasta la adolescencia que empecé a comprender lo que era verdaderamente el mundo real.

Mi adolescencia coincidió con la postguerra. Los primeros paseos con mis amigas por las zonas de Madrid coincidieron con los escenarios de una ciudad devastada por la guerra, en los que observábamos con qué velocidad se restauraban edificios y se edificaban viviendas. Cómo se asfaltaban las calles y volvían a resurgir comercios...

Por entonces, entre mis lugares favoritos para andarear estaban los jardines del Buen Retiro, donde te cruzabas con muchas personas diferentes. Recuerdo que, en aquella época, abundaban las amas de cría, casi siempre gallegas, que se contrataban por su capacidad de amamantar dos bebés: el suyo propio y el de su señora. Y solían acudir a esa zona ataviadas con vistosos uniformes y bordados delantales blanquísimos, adornadas sus orejas con pendientes de enormes bolas y recogido su pelo en un moño dentro de una rejilla.

Otro pintoresco personaje que llamaba mi atención era el guarda del Retiro, vestido con uniforme verde y rojo y dorados botones, del que hizo deliciosos comentarios Antonio Mingote, aquel inolvidable escritor, humorista y dibujante...

Figura destacada era también el barquillero, que con su ruleta repartía barquillos a los chavales. El estanque del Retiro nos proporcionaba estupendos paseos en barquilla a remo. Y nos encantaba la zona de *skatepark*, donde pasábamos horas y horas patinando, y el Paseo de las Estatuas, que fue escenario de tantos juegos de «Policías y ladrones», de «Alzo la maya» y muchos más.

Aquellas estatuas regias nos impresionaban por su tamaño. Con el tiempo supimos que procedían del Palacio Real, en donde habían adornado los tejados del mismo. Hasta que un día la reina Isabel de Farnesio confesó a su regio hijo que tenía miedo de que cayeran sobre el palacio si se producía un terremoto. Inmediatamente, el rey las mandó retirar y, desde entonces, decoran majestuosamente el paseo, a ras de suelo, sin apenas riesgo para los transeúntes en caso de un seísmo.

Pero no todo era pasear, también tenía otros muchos pasatiempos. Por entonces, mis padres, grandes apasionados del teatro, me inculcaron su afición y con ellos presencié obras preciosas de las que guardo un recuerdo inolvidable; como, por ejemplo, de *El Baile*, de Edgar Neville, cuya protagonista, de exquisita feminidad (Conchita Montes), atravesaba dificultades con su esposo y, habiendo decidido hacer un viaje sola, responde a la pregunta de una amiga: «¿Buscas la aventura?». Ella responde: «No, busco la ocasión de rechazarla».

El teatro me enseñó muchísimo; esos textos hechos con delicadeza y con ingenio de aquellos autores prolíficos como Alfonso Paso, entre cuyas obras recuerdo con absoluta gratitud *En El Escorial, cariño mío*, que presencié recién casada. Tampoco puedo olvidarme de Pemán y su obra *Tres testigos*, o el *Don Juan Tenorio* de Zorrilla, con la magistral interpretación de Fernando Fernán Gómez, así como decenas de otras obras maravillosas.

Entre los actores, siempre permanecerán en mi tierno recuerdo aquellos genios escénicos como José Bódalo o Arturo Fernández, y, entre las actrices, Amparo Rivelles, Conchita Velasco, Julia e Irene Gutiérrez Cava, Lola Herrera, Asunción Balaguer y tantas otras que dejaron huella en nuestra memoria. Aunque he de hacer especial mención a la actriz y cantante Loli Morante, granadina, que muy joven alcanzó el estrellato y renunció a él por amor. Ella es hoy una de mis mejores amigas.

Para mi alegría, mis hijos, nietos, sobrinos y cuñadas son tan aficionados como yo al arte de Thalia. Respecto a esto, tengo una costumbre muy especial: habitualmente, cuando voy al teatro, me gusta saludar a los actores en su camerino al terminar la función. Una vez, mi sobrina Sacramento y yo entramos a saludar a Asunción Balaguer en su camerino para darle la enhorabuena por su actuación y ella nos invitó a tomar una cerveza en un establecimiento cercano. Allí nos contó anécdotas y momentos estelares de su carrera de actriz, y alguna coprotagonizada por su marido, el actor Paco Rabal, casi de su misma altura artística. Es inolvidable la sencillez y la cordialidad de esta gran mujer.

En definitiva, siempre agradeceré a mis padres que me llevaran al teatro, donde pude disfrutar de obras de Buero Vallejo, Alfonso Sastre, Martín Recuerda, Antonio Gala, Federico García Lorca, Ana Diosdado, J. J. Alonso Millán, Fernando Arrabal, Nieva y Muñoz Seca. No olvido aquellos versitos encantadores, llenos de palabras esdrújulas, de este último autor, en los que le decía a su amigo:

Siempre fuiste enigmático,
epigramático y ático,
y gramático y simbólico,
y aunque os escucho flemático,
sabed que a mí lo hiperbólico
no me resulta simpático.

Mi infancia transcurrió en un ambiente maravilloso, aunque, desgraciadamente, como ya he comentado, se palpaban los daños causados por la guerra civil, que dejó mucha pobreza. A mí me causaba gran dolor comprobar que, en el patio de mi casa, un zapatero remendón ocupaba un espacio oscuro, reducido e insano en el que trabajaba y dormía.

Muchos años después, en esos momentos maravillosos de nuestra España próspera, tuve ocasión de contrastar aquel recuerdo triste con la nueva realidad del «ascensor social» y ver cómo las personas pudieron salir de la pobreza con su trabajo honrado y su esfuerzo permanente, hasta permitirse el lujo de comprar un pisito en la playa en donde descansar su mes de vacaciones.

En aquella época, mis padres se habían comprado una casa de veraneo en San Rafael (Segovia). No estando lejos de Madrid, el lugar ofrece un clima fresco en el verano, y a sus bellísimos pinares íbamos muchas tardes con nuestra merienda. Allí pase las mejores vacaciones de mi vida: excursiones, bicicletas, baños en las pozas del río, fiestecitas y toda clase de aventuras. Mis hermanos y yo teníamos tanto amor por este pueblo que incluso le compusimos una canción con esta letra:

Si vas tú un día de excursión,
pregúntame qué sitio es el mejor.
Sin dudar yo te contestaré:
«Lo mejor es San Rafael».
San Rafael con su hermoso pinar;
San Rafael, paisaje sin igual.
Si vas tú un día de excursión,
pregúntame qué sitio es el mejor.

Uno de mis hermanos era un gran jugador de tenis, y recuerdo la emoción de los partidos en los que jugaba contra algún rival del pueblo vecino. Entonces, los jugadores de tenis iban vestidos de blanco completamente. Cierro los ojos y aún oigo la algarabía que ocasionaban sus triunfos… ¡Cómo lo celebrábamos después!

Como he mencionado, otro de nuestros entretenimientos preferidos era bañarnos en las pozas de agua helada de los ríos de la montaña, cuyos enormes pinos no dejaban entrar el sol. Y los domingos acudíamos a misa en familia.

De aquellos días recuerdo que un joven solía esperarnos a la salida de la parroquia y se acercaba a mi padre para tener con él alguna conversación. Se llamaba Ramón Tamames, y buscaba en mi padre opiniones particulares sobre política. Pasados los años, ese chico se afilió al Partido Comunista, y no hace mucho, ya con mi misma provecta edad y desilusionado del comunismo, conectó con Vox para encabezar una moción de censura contra el Gobierno autotitulado de progresista.

Me pareció de gran valentía por su parte el manifestar sus cambios de criterios en televisión y hacer saber su gran desilusión y su preocupación por la deriva de nuestro país.

Su generosa intervención, con ningún provecho para él, no fue grata para todo el mundo y recibió muchas críticas. Sin embargo, creo que el gesto de este señor fue importante y un ejemplo de pundonor de una persona muy mayor sin miedo a manifestar sus opiniones, incluso sabiendo que servirían de poco, salvo en el aspecto moral de reivindicar una mayor calidad de la democracia.

Y hay otro personaje de los tiempos de mi juventud que no puedo olvidar. Cuando algunas veces salíamos de noche para asistir a alguna velada teatral, al regresar, solíamos encontrarnos con el sereno, un hombre que se ocupaba de la seguridad de un conjunto de calles, armado solo de su gran llavero, en el que colgaban llaves de todos los portales del barrio. Además, solía notificar el estado del clima y de la hora con su sonora voz que resonaba en la noche para la tranquilidad de los vecinos.

Y esto último era muy importante. Nosotros, los jóvenes de aquella época, llevábamos un estilo de vida estupendo. Teníamos libertad, sí, pero con horario. Había que estar en casa a la hora de comer y de cenar, y puntualmente. Era una manifestación de respeto y de obediencia que cumplíamos gustosamente, aunque a veces nos obligaba a renunciar a alguna actividad.

Había una relación fluida entre los miembros de la familia, con conversaciones y cambios de impresión, y las discusiones pocas veces acababan mal. Nos abríamos los unos con los otros y no teníamos secretos entre nosotros. De entre esas pláticas, guardo especialmente en mi memoria el día en que mi hermana Celia quiso que la acompañara a la Chopera, en el Retiro, porque quería contarme «una cosita». Cuando llegamos allí, me confesó que había tomado la decisión de ingresar en un convento. El recuerdo de ese día me llevó a escribir estos versitos:

Es brumoso mi recuerdo,
pero nunca se borró,
porque mi almita de niña
impactada se quedó.

No entendía yo muy bien
lo que decían y hablaban,
pero sentía que algo
muy importante pasaba.

Y yo jugando notaba
que algo grande sucedía.
Algo que dando gran pena
daba una gran alegría.

«Vamos un rato al Retiro».
Cogió Celia mi manita.
«Que quiero jugar contigo
y contarte una cosita».

Y fuimos a la Chopera,
¡qué hermosa luz la envolvía!
Y allí «Celuca» me dijo
algo que yo no entendía:

Que se marchaba de casa
para a Dios mejor amar
y que entregaba su vida
por siempre, siempre jamás.

¿Cómo podía yo entonces
entender y cavilar
que se entregara una vida,
solo por mejor amar?

Pero pasaron los años
y yo me fui enterando
de que Dios a nuestra hermana
la había estado invitando.

Y ella respondió que sí,
y su vida fue para Él.
Y nosotros la tuvimos
de embajadora fetén.

La pena que me causó la ausencia de esta hermana se compensó con la compañía de la mayor. Era muy inteligente, traductora de varios idiomas; sus conocimientos y cultura me aportaban una barbaridad.

Un día convencimos a mi padre para que nos dejara ir a Londres, por un mes. No fue fácil, pero lo conseguimos.

Durante la estancia, tan enriquecedora como sorprendente, hubo un momento que jamás podré olvidar. Habíamos encontrado nuevos amigos de distintas nacionalidades que nos animaron a hacer *autostop*; por entonces, algo bastante común. Nos pusimos las dos en carretera y, para nuestro asombro, nos paraban casi inmediatamente, con toda amabilidad, y nos llevaban lo más cerca posible de nuestro destino.

Los que se paraban, unas veces, eran coches modernos y, otras, camiones con cargas diferentes. En una ocasión, en uno de esos transportes mercantes había colchones y el conductor nos invitó a subir, si conseguíamos superar la dificultad. No fue fácil, ¡pero vaya si nos compensó!

Para pasar la noche, recurríamos a los hostales de juventud, en donde, sin cobrarte un duro, podías dormir en literas y utilizar las grandes cocinas y fogones para guisar lo que hubieras comprado en el mercado. De esta forma, conocimos gente de todos los países.

Por las noches se solía cantar; era realmente interesante escuchar canciones en tantos idiomas. Aquellos compañeros requerían de nosotros que cantáramos también y, superando la timidez, entonamos un chotis, *La Lola* o *Un mantón*, entre otras letrillas del mismo estilo.

Esta forma de hacer turismo era completamente gratuita para estudiantes; solo se necesitaba presentar el carnet y contribuir con el hostal realizando un pequeño trabajo, como limpiar un tramo de escaleras o fregar un fogón.

La estancia en aquellos lugares resultaba tan pintoresca e interesante y aportaba tanta experiencia que nunca la podría olvidar. Todo esto nos sirvió para practicar el inglés y nos soltamos un montón con el idioma.

Con este sistema de autostop llegamos a las Tierras Altas de Invernes, en Escocia. Para nosotras fue muy bueno coincidir con un año de sequía porque de ese modo no nos llovió, aunque la escasez de agua no fue tan intensa como para que los parques y jardines perdieran su verdor y su incalculable belleza.

Por otro lado, nos chocaron mucho los *pubs* británicos, en donde te servían una rica pinta de cerveza. Percibimos que había cantidad de borrachines y lo achacamos a que allí se bebe sin comer, mientras que en España contamos con las ricas tapas, que hacen de estupendo «empapador».

Debo manifestar mi admiración por la acogida de cuantas personas nos encontramos en esa travesía. Y fue muy interesante, en especial, el contacto con una familia de escoceses que hacían turismo, como nosotros, en las cercanías del lago Ness, el del famoso «monstruo» que se dice que aparece de vez en cuando. Vestían con su propio atuendo, hecho con esa preciosa tela colorida de cuadros tan elegantes y vistosos.

En lo referente a la comida, tenemos regulares recuerdos. Comparada con nuestra dieta mediterránea, nos parecía pobretona y echábamos de menos la tortilla de patata, la paella, el jamón ibérico... En fin, viajar es muy provechoso para darse cuenta del privilegio de ser españoles.

Entre mis recuerdos conservo especialmente la invitación a una cena en casa de unos ingleses, donde conocí a una señora muy mayor que, desde el primer momento, me llamó la atención por su estupendo porte para su edad; tanto que no pude evitar preguntarle cómo conseguía tan espléndida imagen, sumamente elegante y distinguida. La señora me explicó su secreto tranquilamente: siempre se levantaba de la mesa insatisfecha... Esa fue toda una declaración de intenciones para mí.

De vuelta a nuestro domicilio en Londres, mi hermana tenía mucho más interés que yo en aprender, la verdad, y se matriculó en el Country Council. Mientras que yo me dediqué a visitar lugares y alternar con amigos. Los museos británicos son magníficos y me atraían sobremanera, y también los teatros. Nunca olvidaré la impresión que me causó *La Ratonera*, de Agatha Christie. A la salida del teatro, en un gran cartel se podía leer: «Por favor, no le cuente a sus amigos el final». Esta obra se mantuvo en cartel años y años, y son varias generaciones de actores las que han pasado por su escenario.

Cuando dimos por finalizada nuestra estancia en Londres, tanto mi hermana como yo teníamos un delicioso sabor a lo británico, lleno de gratos recuerdos.

Ya en España, empezamos una nueva etapa. Mi hermana traducía libros de una editorial alemana, y nuestro

Saliendo de una magnífica corrida de toros en la
Plaza de Toros de Granada. Año 1980.

hermano mayor, militar y abogado, sacaba tiempo para corregir sus traducciones. Eso despertaba en mí una gran admiración.

En aquellos momentos, Madrid se había convertido en una deliciosa capital, y yo asistía a los estrenos teatrales junto con mi cuñada Sacramento, tan aficionada como yo.

En esta época conocí las maravillas del deporte, y mi gran amiga y vecina Conchita Valero me insistió para ir al gimnasio. Conchita y yo nos conocemos de toda la vida; juntas compartimos una infancia encantadora. Su casa era preciosa, con un patio central de cristal que me encantaba; allí pasamos horas y horas jugando. No nos estaba permitido, pero aun así a ratos podíamos patinar. En las paredes colgaban enormes cuadros impresionantes, y allí conocí a los toreros Manolete, que murió de una cogida con apenas treinta años, y Domingo Ortega, y también al escritor mejicano Manuel Romero Terreros y a otros intelectuales importantes.

Y tras este paréntesis, volvamos a mi primera experiencia en un gimnasio en compañía de Conchita. Y es que, gracias a ello, y vencidas las primeras impresiones, descubrí los beneficios del ejercicio diario y exigente, y tuve la suerte de encontrar magníficos profesores que me enseñaron a cuidar el cuerpo y a vivir una vida sana.

Ahora, a mis noventa y un años, lo practico en mi casa sobre una colchoneta durante treinta y cinco minutos diarios (incluso en domingo), siguiendo una rutina que poco ha cambiado en los últimos setenta años.

He de confesar que creo que, si llevo bastante bien las varias enfermedades actuales que me tocan, es gracias a esta rutina de ejercicios. No quiero ni pensar cómo sería mi vida de no haber trabajado mi cuerpo de esta manera.

Uno de mis hijos, por fin, me ha hecho caso, ya jubilado, y se ha comprado una cinta de andar, a la que dedica noventa minutos cada día, equivalente a 6 kilómetros de paseo. En un par de meses ha mejorado claramente su forma física, y me alegro mucho de que haya dejado de ser una persona sedentaria. Dejar de fumar no es suficiente para experimentar un cambio en el interior.

Por mi experiencia, me siento con derecho a recomendar el ejercicio a todas las edades, pero no solo. Hay otras cosas casi igual de importantes, como leer mucho, escribir a mano, aprender-practicar un segundo idioma, tener una vida social activa y dar cabida a lo transcendente y espiritual.

Hay que cuidar un poco, aunque de un modo constante, tanto el cuerpo como el alma. Esto produce beneficios tales que incluso me atrevería a decir que es lo mejor que uno puede hacer por sí mismo. La autodisciplina y el rigor, sin exageraciones, pueden hacer que, ya desde jóvenes, nos preparemos para una estupenda vejez.

Un día, en casa de mis padres se anunció la visita de unos familiares, tíos carnales que vivían en Cartagena, de paso por Madrid. Yo no conocía a ninguno de estos parientes, pero ya desde un primer encuentro me parecieron personas muy agradables.

Me invitaron a su casa en Cartagena, en donde se había quedado una hija de mi misma edad, y acepté encantada. Tuve la suerte de conectar maravillosamente con esta desconocida prima, que fue para mí a lo largo de la vida una amiga del alma.

La vida social en Cartagena era muy activa. Barcos atracados en el puerto ofrecían deliciosas fiestas a las que invitaban a las señoritas de la sociedad local y, naturalmente, a nosotras nos encantaban los atractivos marinos...

Una invitación que recibieron mis tíos para asistir a una boda en Velez Blanco, un pueblo de Almería, impidió que mi prima y yo pudiéramos participar, como teníamos previsto, en una de aquellas fiestas a bordo. Habíamos de acompañar a los mayores sí o sí.

En el camino, mi tío paró a repostar en una gasolinera, con la mala suerte de que el empleado soltó la manguera y esta me bañó en gasolina de arriba abajo. Semejante suceso agravó nuestro mal humor, además porque, por aquel entonces, mi prima y yo fumábamos mucho y tuvimos que abstenernos hasta llegar al hotel. Fumar entonces aportaba prestigio incluso para las señoritas en edad de merecer.

Una buena ducha nos devolvió el buen humor, y enseguida estuvimos arregladas para ir a la ceremonia. Fue preciosa, y entre los invitados se encontraba el que iba a ser mi marido. En el convite, un chico poco agraciado y algo sobón —o digamos «demasiado expresivo»— se sentó a mi lado y pronto su conversación me empezó a cansar. No sabía cómo deshacerme de él, pero, afortunadamente, un joven atractivo se percató y vino a echarme un capote.

Me contó que era médico y que tenía un trabajo muy bueno, justo el que más podía desear en el mundo. Su forma de expresarse me gustó. Todo lo que contaba me parecía interesante. Era guapo, buen conversador y educado.

Ya de vuelta en Madrid, empecé a recibir visitas del joven médico granadino en moto, cada vez más frecuentes. Lo cierto es que a mí ese cacharro en el que venía subido no me inspiraba ninguna confianza. La N-IV, sobre todo el paso de Despeñaperros, no era tan aburrida y segura como es ahora. Él había comprado la potente moto al Ejército inglés en Gibraltar después de la guerra mundial, y, cuando me pidió matrimonio, completamente segura yo de su respuesta, le espeté: «La moto o yo». Nos planteábamos tener muchos hijos, y pronto, y ese vehículo me parecía inapropiado para llevar de paquete a una mujer embarazada. Mejor, un coche familiar.

Pero no era yo la única que hacía peticiones. Mi novio granadino me rogó que me abstuviera de salir con otros amigos, varones: «A no ser que quieras ver tu nombre en la revista *El Caso*», decía con guasa. Como testigo, supongo.

Así pues, formalizamos nuestra relación y pronto solicitó un encuentro formal con mi padre, en el que le expresó su deseo de casarse cuanto antes conmigo, ya que tenía su porvenir resuelto. Pero mi padre puso condiciones: pediría informes sobre su persona y no nos casaríamos hasta después del verano, tiempo necesario para un más completo conocimiento mutuo.

Sucedió que se pidieron dichos informes a una persona que tenía un gran concepto de mi futuro marido, así que fueron excelentes. En cuanto a la segunda exigencia de dejar pasar el verano se resolvió a fuerza de entusiasmo y de argumentos favorables.

Durante este tiempo me dediqué a preparar lo que entonces llamábamos el «ajuar», y, efectivamente, «guardé ausencias», esto es, no volví a salir con otros muchachos.

Nos casamos a los siete meses de conocernos, tras la entrañable petición de mano. Transcurría el año 1956.

Volviendo a este «guardar ausencias», se trata de un concepto que asombra a mis nietas en la actualidad, el mantenerse fiel desde el primer momento hasta el final de la vida. En general, a los jóvenes de hoy en día les cuesta entender esto, pues ven como un sacrificio imposible la entrega absoluta a una persona. Sin embargo, resulta enormemente satisfactorio y enriquecedor.

Puedo entender que la chavalería no lo comprenda; solo hace falta reparar en los cambios profundos de la sociedad. En mis tiempos, dábamos gran importancia a la formación moral. El catecismo, el Evangelio y los sacramentos estaban muy presentes en nuestra vida, y era muy frecuente hallar jóvenes con dirección espiritual. En cambio, hoy se han olvidado todos estos valores. Hasta los anuncios en televisión se manifiestan en contra de la fidelidad, sometida la mente de los jóvenes a modas y costumbres que se reflejan en las letras de las canciones, en las redes sociales… Se les vende como un interés por el fomento de la libertad personal cuando, en verdad, están movidos solo por el interés comercial.

Por cosas como estas pienso que mi juventud era inmensamente más feliz, a pesar de los horarios y las normas.

Nuestra boda se llevó a cabo en la iglesia de San Jerónimo El Real, en la calle Moreto, justo detrás del Museo del Prado, en el mes de abril del año 1956, y fue una ceremonia preciosa. También el ágape, en su claustro, con numerosos invitados y allegados.

La luna de miel tuvo lugar en Portugal, donde por entonces residía don Juan de Borbón, de quien mi marido era simpatizante —hablamos del abuelo del rey actual, su Majestad Felipe VI—, y se dio el caso de que mi tío Roberto, hermano de mi madre, había sido preceptor de don Juan, siendo este adolescente, y nos dio una carta de presentación. Así pues, nos recibió en su chalet cerca de Estoril con gran cariño. Recuerdo una tierna anécdota de aquel encuentro: al abrir la puerta de una salita, se enrolló la alfombra y don Juan la colocó personalmente, mientras nos preguntaba por España con gran emoción.

Fue un viaje maravilloso, aunque no acabó como esperaba, pues, de regreso a Granada, nos encontramos los dolorosos estragos que había producido un gran terremoto en el lugar: grietas en las paredes y desperfectos en muchos objetos.

Comenzamos nuestra vida de casados con gran ilusión, pero no olvido mis lágrimas porque no lograba quedarme embarazada. Tal era mi deseo de ser madre...

Finalmente, ese deseo se vio satisfecho a lo largo de la vida, pues tuvimos ocho hijos. Tres se nos fueron al cielo pequeñitos y bautizados; los otros fueron cuatro varones y una niña, la última en nacer.

A menudo perdemos familiares o amigos y nos encontramos con la muerte. La muerte que vamos viendo como amiga inexorable, apacible, plácida, tranquila e inapelable... Esto me trae a la mente unos versitos de J. M. Pemán:

A ofrecerte, Señor, vengo
mi ser, mi vida, mi amor,
mi alegría y mi dolor,
cuanto puedo y cuanto tengo,
cuanto me has dado, Señor.
Y a cambio de esta alma mía de amor
que vengo a ofrecerte,
dame una vida serena
y una muerte santa y buena,
Cristo de la buena muerte.

La muerte. Lo único seguro, la realidad verdadera, lo que nos iguala a todos. Llenos de misterio ante ella, nos hacemos mil preguntas. ¿Por qué es tan diferente para unos y otros ? ¿Por qué puede venir repentina e inesperadamente, o bien suceder con largos sufrimientos, estancias en el hospital y el agotamiento de los familiares?

Asumo que la vida es un misterio, misterio de la vida y de la muerte. Y pienso que sí, se puede y se debe estar preparada para ella.

Mientras llega o no ese momento, ¿cuántas cosas bonitas hay en que pensar? Valoro mucho y procuro poner en práctica dos verbos: *asumir* y *sobreponerse*. A nuestra edad somos sabios en el ejercicio de estas dos acciones.

Hace ya muchos años que asumimos nuestro cambio de edad, con sus achaques, con sus arrugas, con sus limitaciones. Aprendimos a sobreponernos a nuevas necesidades: la ayuda de otras personas, no poder salir sola, oír mal, dormir poco...

Quitando dos o tres mayores que conozco que no saben aceptar las dificultades de su edad, los demás veo que lo llevan con hidalguía, temple y, sobre todo, buen humor.

La vida que no florece
y es estéril y escondida,
y no fecunda ni crece,
es vida que no merece
el santo nombre de vida.

Un momento importante en nuestra vida fue la invitación a mi marido, por parte de la Organización Mundial de la Salud, para participar en un curso de especialización durante un año, en Dinamarca, sobre anestesia y transfusión, al que asistirían médicos de muchos países del mundo. Por entonces, ya teníamos dos niños. El mayor se quedó en Madrid, en casa de mis padres, y al segundo, recién nacido, me lo llevé conmigo a Copenhague.

Aquel año estuvo lleno de experiencias maravillosas. Mi inglés en ese tiempo era muy deficiente, pero en ese país todo el mundo lo habla perfectamente; así pues, tomé la decisión de mejorar mi dominio a toda velocidad. Me compré un método y le dediqué largas horas, ya que mi pequeñín era muy tranquilo y no requería mucha atención.

Mi marido trabajaba en el Hospital Odense muchas horas, y yo aprovechaba para ir al parque a practicar mis conocimientos de inglés con otras mamás. Sucedió entonces que una mañana decidí ir a conocer a la Sirenita, a orillas del mar Báltico, usando un cochecito para llevar a mi bebé que me había prestado una empleada de la residencia. Era una mañana soleada y preciosa, y el paseo resultó muy placentero.

Me entusiasmó la famosa escultura y la atmósfera a su alrededor, con turistas de todos los países, de civilizado comportamiento. El caso fue que, en ese momento, sentí un dolor agudo en el abdomen que iba a más. Tenía que volver a la residencia; aunque ello no resultó nada fácil. Había perdido fuerza en mis manos para empujar el carrito de mi niño y lo impulsaba con la cintura. Afortunadamente, a punto de perder el sentido, como si de un milagro se tratase, llegué a mi destino. Me quedaba la energía justa para dejar al niño en su cuna y acostarme. Entonces, perdí el conocimiento.

Cuando mi marido abrió la puerta, se sorprendió muchísimo de verme en la cama y, al acercarse, vio que estaba inconsciente. Rápidamente llamó a la gobernanta, Edith, con la cual habíamos hecho gran amistad, y esta hizo venir a una ambulancia.

Cuando desperté, estaba en el quirófano de un hospital. Pregunté a mi marido qué me pasaba y me informó de que tenía un embarazo extrauterino y que me iban a operar de urgencia. Objeté que antes quería confesar, pero en verdad era imposible. «Son las cuatro de la madrugada y estás en un país protestante. Prepárate tú misma», dijo él, ocupado en anestesiarme y ayudar al cirujano a salvarme la vida.

La operación se llevó a cabo sin especial dificultad y, de vuelta a la habitación, para mi grata sorpresa, recibí la visita de un sacerdote católico. Estaba destinado en el Polo Norte, pero había venido a ver a sus padres. Nunca pude saber quién lo puso en contacto conmigo, pero agradecí muchísimo su apoyo espiritual. Incluso, en una de sus visitas al hospital, el joven sacerdote me trajo un interesante regalo: el retrato de una anciana esquimal que tengo en gran estima y que aún hoy cuelga en el salón de mi casa.

La recuperación fue en una habitación con dos camas, y en la de al lado había una chica inglesa que resultó ser la perfecta compañera, y gracias a ella mi nivel de inglés mejoró muchísimo. Siempre lamentaré no haberme quedado con su dirección.

Recuperada mi salud, y ya en la residencia, recibí una oferta inesperada de Radio Copenhague. Necesitaban dos españoles para colaborar en un curso radiofónico de español. Mi marido y yo debíamos leer y comentar *Platero y yo*, y fue una gran alegría, pues durante la experiencia tuvimos memorables encuentros con personas maravillosas de las que aprendimos muchísimo y, además, fuimos muy bien remunerados. Para nuestro asombro, ya de regreso a España, durante tres años nos mandaron liquidaciones por los derechos de autor.

Durante nuestra estancia en Copenhague se fue desarrollando una profunda amistad con Edith, la gobernanta de la residencia. Una señora soltera de notable cultura y sensibilidad, y gran fumadora.

Había sido miembro de la resistencia contra los nazis y, tras la Segunda Guerra Mundial, recorrió el mundo trabajando en una compañía de cruceros.

La invitamos a nuestra casa una vez volvimos a España, y sí que vino durante bastantes años, siempre en vacaciones de verano, atravesando Alemania, Francia y España en su pequeño utilitario.

Era una persona grandullona pero de gran finura, y tomó la decisión de no aprender español para así obligarnos a practicar el inglés. Hoy, casi todos en mi familia hablamos inglés más o menos bien.

Para sorpresa mía, una mañana me confesó que quería convertirse al catolicismo, cuando hasta entonces había sido atea. En aquellos tiempos, mis conocimientos religiosos eran escasos, así que recurrimos a los frailes agustinos para su formación, quienes dominaban el inglés.

Fue un gran acierto haber recurrido a ellos. Transmitieron a Edith los conocimientos de la Biblia y del Evangelio, que ella recibía con gran atención. Vivíamos un momento muy feliz, tanto ella como yo, y la familia en general, y de repente todo saltó por los aires. Sucedió algo terriblemente doloroso; una de las peores situaciones de mi vida.

Después de la ceremonia en la que Edith recibió el bautismo, al volver a casa, encontramos a nuestro tercer niño muerto en su cunita de muerte súbita. Tal *shock* fue muy difícil de superar e imposible de comprender, especialmente para nuestro hijo mayor, de cuatro años, que tardó mucho tiempo en recuperarse.

Mi reacción ante tan terrible suceso fue la de encerrarme en casa y no querer salir ni ver a nadie durante mucho tiempo, ni siquiera a Edith, que se volvió a su país destrozada. Recuerdo que me decía *Don't ask why* («No te preguntes por qué).

Por fin, un día, tras verme en el espejo con un aspecto lamentable, impresentable a mi familia, tomé la decisión de salir del agujero negro y empezar yendo a la peluquería. Allí me encontré con una joven conocida que me quiso ayudar y sus palabras de aliento cambiaron mi vida. Luego supe que esta joven era una numeraria del Opus

Dei, del cual por entonces yo no tenía la menor noticia. Años después, yo también pertenecería a esta maravillosa organización religiosa.

Dios quiso regalarnos a nuestro cuarto hijo, que compensó la pérdida, y nuestra familia recuperó la alegría y volvió a estar muy unida. Bautizamos al niño como Eduardo Knut, un rey santo danés, y Edith fue la madrina.

Mi familia política también resultó ser un apoyo fundamental para mí en ese momento tan terrible, hasta el punto de que suavizaban la ausencia de mi familia de sangre en Madrid. Nuestros hijos se criaron en gran armonía con sus primitos, y mis cuñados fueron para mí auténticos hermanos.

Nuevamente, un embarazo llenó nuestra familia de dicha, pero pronto se complicó. El doctor nos comunicó que se trataba de un embarazo gemelar asociado a un hidramneos. Rápidamente, adquirí mucho volumen, tanto que nuestro entrañable amigo Gregorio Varela, uno de los primeros sabios de la nutrición en España, interesándose por mi estado, cuando supo que eran dos, afirmó: «Pero con la cuna y todo».

El doctor nos había advertido que era de mucho riesgo, pero eso no apagó nuestro deseo de luchar para que al menos alguno de los dos pudiera sobrevivir. Ya en la habitación del sanatorio, «rompí aguas» y todo se inundó, saliendo el líquido amniótico por debajo de la puerta, hasta las galerías.

En el paritorio nacieron con vida dos niñas, las cuales, estando todavía en la incubadora, recibieron el bautismo de manos de nuestro pediatra, el doctor Pepe Vida, gran amigo de mi marido. No tardaron en morir.

El inmenso desconsuelo de perder dos hijitas…, niñas después de cuatro varones…, se templó unos años después, con la llegada de nuestro hijo Pablo.

Y al fin, ocho años más tarde que Pablillo y veinticinco que Juan, el mayor, fue recibida en el quirófano nuestra anhelada niña, con aplausos por parte de las enfermeras. En casa todo era alegría.

Siempre fui muy aficionada al ejercicio físico; por ello, a pesar de que la familia seguía creciendo, comencé a asistir al gimnasio, como ya he mencionado antes. La dirección se percató de mi interés y persistencia, y dos o tres años más tarde me propusieron trabajar como monitora.

Fueron tiempos agradables y de mucho trabajo, pero finalmente se me ofreció un puesto mejor remunerado, el de gobernanta en el colegio Mulhacén. Acepté con mucho gusto, no sin cierta preocupación al principio, por la gran responsabilidad que comportaba. Era un trabajo muy exigente, pero se compensaba con el hecho de estar rodeada de personas serias y muy profesionales, siempre empeñadas en hacer su labor lo mejor posible.

Una de mis compañeras, Loli Morante, como ya he dicho antes, había sido actriz de cine, abandonando el mundo de la interpretación por el amor de su vida, su esposo. Ella aportaba al trabajo su gran imaginación y enriquecía su actividad con nuevas ideas y divertidas ocurrencias.

El resto del personal era tan cumplidor y estupendo que el trabajo salía adelante con toda fluidez y efectividad. Los profesores, de gran señorío, paciencia y cumplimiento del deber, eran para nosotras un verdadero ejemplo. Contábamos con sacerdotes que nos prestaban su valiosa atención. Los niños y los padres estaban contentos, y esa era nuestra felicidad.

Los niños comían muy bien, y aún hoy, décadas después de mi jubilación, todavía me encuentro con algunos, ya convertidos en señores, que me agradecen los bocadillos extra que nunca les negué. Algunos me parece que me sintieron como su madre suplente.

Practicando un poco de gimnasia en casa el día
que cumplí cincuenta años, en 1983.

Quiero dedicar ahora unas líneas a compartir un recuerdo entrañable y agradecido sobre los congresos médicos en los que pude acompañar a mi marido. Por entonces, los doctores invitados podían llevar a sus mujeres, y, gracias a aquellos esfuerzos hechos en Dinamarca por aprender inglés, supe desenvolverme en aquellas ocasiones.

En especial, nunca olvidaré aquel congreso en San Francisco, California. Mientras los doctores estaban reunidos en cónclave, sus esposas disponíamos de tiempo para hacer turismo, que, en mi caso, a menudo era de un tipo concreto.

Por mi condición de supernumeraria del Opus Dei, pude entrar en contacto con los centros de la Obra en cada una de las ciudades que visité acompañando a mi marido. Una persona supernumeraria es miembro de la Obra, pero lleva una vida familiar, a diferencia de los numerarios, que viven en pequeñas comunidades.

Siempre llevaba una carta de presentación de mi centro, para acreditarme, y así se me permitió asistir a los círculos de estudios y medios de formación semanales, que son esencialmente similares en todos los países.

En el caso de San Francisco, el círculo se celebraba a las afueras de la ciudad, en un bosque de árboles enormes. En uno de ellos se había construido una casita, a la que se accedía mediante unas escaleras de madera.

En el círculo de estudios de Escocia conocí a la cantante de ópera más importante del país. No usaba solo su bella voz para cantar, sino que se expresaba maravillosamente, comunicando sus emociones y transmitiendo sus senti-

mientos. Un apostolado muy especial el de aquella supernumeraria tan interesantísima, como recuerdo a otras de
parecido cariz, a cuya oración añadí la mía.

Ahora mismo, convivo en casa cinco días a la semana con
una persona especial, Yareli Funes, mi auxiliar doméstica,
formada casualmente en una institución de la Obra del
Opus Dei en su lejano país, Honduras.

Yareli ha grabado parte de mis intervenciones en Instagram y me ha sido imprescindible para escribir este libro.
En ella redescubro con verdadera alegría la eficacia de la
formación que recibió en la adolescencia y que, abandonada aparentemente por un tiempo, después ha aflorado
con fuerza.

Conocer a Yareli me ha hecho descubrir las sensaciones que produce incluirse en otro país. Le pregunté cuáles
habían sido sus impresiones al llegar a España, y me contestó que le llamaron poderosamente la atención los edificios, los semáforos y las normas de tráfico. Todo le fue
positivo y agradable: el orden y la limpieza de sus calles; la
seguridad vial y personal.

Sin embargo, por sus comentarios, percibo algo nega-
tivo y desagradable en el trato a los inmigrantes, en algunos sitios y de algunas personas, llegando a veces a bor-
dear el racismo. La desconfianza en los comercios duele, y
en algunos bares han percibido, tanto ella como su marido
y sus amigos, un trato discriminatorio, a extremos de no
ponerles tapas.

Andalucía envió a la inmigración a casi dos millones de personas, hace poco más de cincuenta años, hacia otros países de Europa, pero parece que se nos ha olvidado...

Los inmigrantes que recibimos son magníficos trabajadores, y realmente imprescindibles en una nación de baja natalidad como hoy es España. Su labor aquí es crucial también para sus países, por el apoyo económico que ofrecen a sus familias, que en parte puede financiar el desarrollo futuro.

Prefiero pensar que la actitud recalcitrante de algunos españoles hacia ellos es muy minoritaria, y se compensa con el interés y el afecto que una mayoría les brindamos.

Yareli y Edgar, su marido, han sido atendidos por nuestro sistema público de salud, que les ha dado un trato de calidad e igualitario. Ella ha podido conseguir traerse a su esposo y encontrar una casa agradable, y está rodeada de personas que transmiten y enseñan valores, de su país y del nuestro. Se le ha despertado el interés por mejorar su educación cultural y asiste a cursillos de Cuidados Geriátricos y de Nutrición y Dietética, por ejemplo, impartidos por el Opus Dei. Además, saca tiempo para dedicar una hora cada día al estudio del inglés, y los dos, marido y mujer, han descubierto la importancia del ejercicio físico diario, fuera y dentro de casa, con la ayuda de internet.

Afortunadamente, han encontrado personas de su país y de otros del entorno americano que les prestan su amistad. Los logros actuales de la tecnología de comunicación les permiten hablar cada día con la familia que quedó en Honduras, solamente acoplando los horarios.

Asimismo, han tenido la fortuna de encontrar buenos trabajos ambos, lo cual les facilita enviar dinero a sus familiares. Los dos tienen en su corazón el sueño de volver a su país con el dinero suficiente para emprender un negocio.

Tiempo después de estar en España, Yareli y Edgar tomaron la decisión de unirse en matrimonio canónico, que se celebró en una de las iglesias más bonitas y antiguas de la ciudad. Uno de mis hijos y yo fuimos invitados a la preciosísima ceremonia.

Respecto a mí, la perseverancia en la formación, la oración y la recepción de los sacramentos ha sido mi motor y mi fortaleza para acometer, con la ayuda de Dios, las cosas difíciles que se me han ido presentando en la vida, y la alegría y la luz para agradecer todo lo bueno que he recibido. Entre todo lo bueno, lo mejor: mi esposo y mis hijos; de corazón noble, todos buenos, cumplidores, trabajadores y sensibles a las penas ajenas.

Uno de ellos, con un grupo de amigos, ha acogido a una familia ucraniana víctima de la espantosa guerra, proporcionándole una vivienda bien acondicionada. Otro dedica las mañanas del domingo a niños con síndrome de Down, enseñándoles a jugar al *rugby*. Y otra dedica unas horas a la semana a Cáritas.

Todos mis hijos son enormemente cariñosos conmigo, siempre pendientes de mí. Quizás un poco regañones... Tal vez sea un poquito por «venganza»...

Me han dado unos nietos estupendos, aunque he de reconocer que, cuando supe que había venido el primer bisnieto, me fastidió un poquito ser la madre de un abuelo.

En definitiva, cada uno de mis hijos ha ido desarrollando su vida honestamente y con sus esfuerzos han salido dignamente adelante. He tenido mucha suerte con los llamados «políticos» (esta palabra no me gusta nada y prefiero llamarlos «hijos»); los tres son personas maravillosas y en mi recuerdo estarán siempre los que ya no participan en mi familia.

Ahora, me gustaría hablar un poquito de La Herradura; ese maravilloso pueblo a orillas del mar que tuvo en mi vida gran importancia.

He de reconocer que el inicio de las obras de una segunda residencia familiar en la playa me llenó de tristeza. Por entonces, tenía la ilusión de comprarle un piso a mi hermana Marina en Madrid, lo que me hubiera

Visitando las playas de Sitges mientras mi marido asistía a un congreso médico. Año 1988.

supuesto más trato con mi familia natal, a la cual adoraba y adoro. Pero pronto superé este resquemor viendo lo mucho que le gustaba a mi marido tener una casa cerca del mar, tipo pequeño cortijo de sabor andaluz. No olvidemos que él era un nadador veterano de élite, y nunca dejó de entrar cada día en el mar siempre que estaba en La Herradura, aunque fuera en pleno invierno.

Mis hijos en los años 70 eran felices conviviendo con los niños del pueblo y disfrutando de la naturaleza en los meses de vacaciones de verano, y muchos fines de semana.

Además, junto a gente estupenda, del pueblo y asiduos, cofundamos la Asociación de Amigos de La Herradura y organizamos toda clase de actividades, como conferencias sobre diversos temas, desde los cuidados de la piel frente al sol hasta las nefastas consecuencias del tabaco, por ejemplo, al cargo de expertos de alto nivel, «obligados» por mi marido. Me emocionaba ver cómo se cuidaba de acercar la cultura al pueblo, al cual quería con verdadera pasión.

La afición al teatro entró en La Herradura gracias a esta asociación. Sucedió que un conocido director teatral profesional, José Luis Merino, veraneante habitual en La Herradura, colocó un aviso en el tablón de anuncios del Ayuntamiento ofreciéndose para dirigir una función, buscando así la participación de todas aquellas personas que quisieran ser actores.

A este reclamo acudieron muchos residentes de La Herradura y algunos veraneantes, como mi marido y yo. Se pusieron en escena obras de los hermanos Quintero, entremeses cervantinos, *La zapatera prodigiosa* de García Lorca, *El abanico de Lady Windermere* de Oscar Wilde, *El viejo celoso* de J. L. Merino, y otras muchas más.

Se cuidaba la escena hasta el punto de traer un piano cuando lo requería el argumento. Se buscaban escenarios acordes con la obra. No se escatimaban esfuerzos para conseguir el perfecto vestuario. Se repartían los papeles adecuadamente y había ensayos según los horarios de los actores, que tenían sus trabajos profesionales.

No faltaban los enfados por la falta de puntualidad, por no haber estudiado los papeles, etc.; pero todo se resolvía gracias al amor que se ponía para sacar la obra adelante. Se conseguía un público numeroso muy interesado que pagaba con mucho gusto la entrada. Y era muy reconfortante ver a turistas de todos los países mezclados con los herradureños.

Pero nuestra familia no solo contribuyó al desarrollo de La Herradura con esta asociación y sus actividades. La Travesía a Nado de la Bahía de La Herradura fue fundada por mi marido hace treinta años. La organizaba, la nadaba y la ganaba —en su categoría de veteranos—. Y hoy es una de las más acreditadas de España de las de natación en aguas abiertas.

Soy testigo de los enormes trabajos que le suponía la organización de la travesía, como también de las satisfacciones que le proporcionaba.

La bellísima bahía de La Herradura, de 1,7 kilómetros de ancho, se convertía en un escenario emocionante de competición. No siempre el mar se presentaba en condiciones óptimas: algunas veces, abundaban las medusas; otras, el oleaje más o menos fuerte complicaba el desarrollo de la actividad.

Especialmente, recuerdo un año de temperatura bajísima del agua, lo que comportó que algunos de los nadadores llegaran a la meta con hipotermia grave. Al salir del agua, eran enterrados por los voluntarios en la arena caliente, en una decisión tan espontánea como eficaz, pero hubo algún caso que precisó de una ambulancia y hospitalización.

Nuestro querido amigo Pablo Javier Mira estuvo a punto. Mucho más joven que nosotros, más que mi hija, es doctor en Educación Física y gran deportista, y admirador de mi marido, al que estudiaba como modelo en el deporte de veteranos.

Me llamó desde la salida para que le dijera a mi marido que iba a luchar para ofrecerle la victoria, pero optó por nadar sin neopreno y fue de los primeros en llegar con grave hipotermia. Llegamos a temernos lo peor.

Poco después, sacó las oposiciones a profesor de Inglés de secundaria, y supimos que delante del tribunal sacó su guitarra y se puso a cantar (en inglés, claro). No recuerdo bien si le dieron una nota final de 8,9 o fue 9,8. El tío es un fenómeno.

Personalmente, sentía gran satisfacción viendo a los miembros de mi familia participar con gran ilusión. Hijos y nietos, nueras y yernos se tiraban al agua sin intención de optar por las medallas, sino por simpatía por el padre, abuelo y suegro. Todos los participantes llevaban gorrito, y los cientos de brazos moviéndose con fuerza y determinación eran un espectáculo, sobre todo en los primeros metros después de la salida.

Podían producirse agotamientos u otros incidentes, y, para tales casos, se contaba con un buen número de voluntarios a bordo de embarcaciones particulares, siempre atentos para recoger a los nadadores en apuros.

Los chiringuitos de La Herradura proporcionaban ratos estupendos a los espectadores, dando ocasión a encuentros con los herradureños y los turistas de muchos países, llamados cariñosamente «guiris».

Otro lugar de encuentro realmente pintoresco en La Herradura era el cine de verano, al que solían traer películas estupendas para todos los públicos, y se pasaban momentos muy gratos. Aquel que quisiera estar absolutamente cómodo se llevaba su propio cojín de casa...

No puedo olvidar mencionar al señor Prieto Moreno, conservador de la Alhambra y arquitecto, uno de los más insignes habituales de La Herradura, que hizo mucho por el pueblo. La iglesia parroquial fue regalo suyo, y creó la urbanización de la Punta de La Mona —en tiempos, una de las más selectas de Andalucía—, que incluía una preciosa ermita para uso público con vistas panorámicas a levante y a poniente.

Otro personaje maravilloso que ahora me viene a la memoria era Frasquito, que hacía las veces de practicante, poniendo inyecciones a quien lo necesitara.

Y también recuerdo con especial respeto al maestro nacional don Eduardo Palomares, que se preocupó tanto por elevar el nivel cultural de las madres de sus alumnos, a las que enseñó mil cosas, como coser a máquina.

Lo cierto es que mis primeros recuerdos del pueblo poco tienen que ver con La Herradura actual, que aún hoy es un paraíso, sin duda, pero mucho menos de lo que era entonces, antes de la masificación y de los edificios de cuatro pisos. En aquellos años, abundaban los agricultores, con los burros y los mulos, y los pescadores, con sus barcas de madera impulsadas a remo.

En mi memoria estará siempre la señora Amalia, madre y ama de casa, a quien me fascinaba ver atravesar la bahía andando hasta la Punta de La Mona, para llevar la comida de medio día a su marido, el señor Justo, gran amigo de todos nosotros, que trabajaba allí como jardinero. Y eso, diariamente. Era lo habitual en el pueblo. Por entonces no había coches y la gente andaba en zapatillas de cáñamo. Corrían los años finales de la década de 1960.

Cuando repaso fotografías de aquella época, me encuentro con una de la barca de jábega, a la orilla del mar, en mal estado, pero que daba sensación de tranquilidad y de paz.

Transcurrido mucho tiempo, esos restos dieron ocasión a que mi hijo Ángel desarrollara gran interés por todo lo que se refería a ese tipo de barca, su historia, su función en el mar, y construyera, con la ayuda de un ingeniero inglés, una nueva jábega.

No puedo olvidar un hecho concreto: el pueblo de La Herradura, agradecido y considerado por todo lo que mi marido había hecho por él, decidió poner a una calle su nombre, Dr. Ángel Galdo. Fuimos toda la familia y amigos a la inauguración; pocas veces se pone una calle a alguien en vida...

Ángel fue muy querido en aquel lugar. Incluso algunos enfermos acudían desde La Herradura al hospital granadino donde trabajaba mi marido como jefe de Servicio de Hematología. Él los recibía en la puerta, los acompañaba hasta el especialista que debía verlos y, ya operados, los visitaba en su cama todos los días durante su estancia. La calidad humana de mi marido era magnánima y llegaba a extremos de sacarse sangre —su grupo era el universal—

cuando hiciera falta en el quirófano, tanto para la gente de La Herradura como para todo el mundo.

El Dr. Galdo conservaba en la memoria el expediente médico de cada uno de los pacientes herradureños que pasaron por su hospital y les hacía seguimiento cuando bajaba a pasar el fin de semana. No es de extrañar, por tanto, que los lugareños quisieran rendirle aquel homenaje dando su nombre a una de sus calles.

Era un médico excelente. Y no solo destacó en su profesión, también en su gran afición: nadar. Como ya he mencionado, sentía un amor especial por la natación, deporte

En la inauguración de la calle Dr. Ángel Galdo, que el pueblo de La Herradura dedicó a mi marido. Marzo de 2016.

en el que alcanzó a proclamarse campeón de Europa para mayores de ochenta y cinco años.

El campeonato se desarrolló en Cádiz y asistieron casi tres mil nadadores de muchos países, pero su principal contrincante era un holandés de enorme tamaño. Juntos llegaron a la final. Había muchísimo público y la algarabía durante las pruebas era ensordecedora, salvo cuando les tocó competir a los superveteranos. El silencio era impresionante. Todos se hacían mentalmente la misma pregunta: «¿Seré yo como estos señores cuando tenga su edad?».

La emoción era enorme. Yo miraba con espanto los larguísimos brazos y piernas de su rival, y, sin embargo, fue mi marido quien llegó primero a la meta.

Después, en el acto de entrega de las medallas sucedió algo divertido. Ángel hijo desenrolló una enorme pancarta, la cual decía: «Abuelo, eres joconudo». El calificativo *cojonudo* había sido censurado por mi nieta Margarita, quien, por pudor, hizo a su padre cambiar de lugar una letra, quedando como resultado *joconudo*. Como consecuencia, muchos extranjeros me preguntaron qué quería decir aquella palabra y pasé un gran apuro…

Es de notar que este campeón de Europa no tuvo nunca un preparador y se entrenaba a las seis de la mañana en la piscina municipal, antes de ir a trabajar a su hospital, como también hizo una vez jubilado.

En abril de 2023, tuve la suerte de asistir a un congreso de tres días sobre el arte de envejecer que se desarrolló en Granada, en el auditorio de Caja Rural, y al que acudieron muchísimas personas.

Soy consciente de que atravieso la penúltima etapa de mi vida, por ello es que asistí con gran interés. Participaron catedráticos y especialistas venidos de varias partes de España. Fue tan interesante y tan instructivo que sus enseñanzas fueron enormemente útiles, especialmente para personas de mi edad.

Se despertaron en mí las ganas de tener ganas y recurrí a estos preciosos versos, recogidos de un poema de Antonio Machado que me llenaba de estimulante entusiasmo:

> Anoche, cuando dormía
> soñé, ¡bendita ilusión!,
> que una colmena tenía
> dentro de mi corazón.

> Y las doradas abejas
> iban fabricando en él,
> con las amarguras viejas,
> blanca cera y dulce miel.

> Anoche, cuando dormía,
> soñé, ¡bendita ilusión!,
> que era a Dios lo que tenía
> dentro de mi corazón.

Al comenzar el congreso, se nos invitó a hacer esta reflexión: «Se puede ser fuerte desde la fragilidad, utilizando la propia energía y los necesarios conocimientos».

La vejez es una etapa de deterioro, pero todos y cada uno podemos descubrir que también puede ser tiempo para la adaptación y el desarrollo.

En ese congreso se hacía ver a los asistentes que se puede llenar la vida de contenido, con independencia de la edad, y que este momento de nuestra existencia tiene su parte buena. Hoy, por primera vez en la historia, existe la figura del «mayor joven».

Contemplando estas enormes ventajas de las personas mayores, no podía dejar de constatar la gran diferencia y el cambio producido entre los mayores actuales y los de las pasadas generaciones. Un cambio tremendo y en tan corto periodo de tiempo.

Contrasto estas realidades con el modo de vivir actual. La trepidación, la prisa, el sinfín de actividades..., todo eso que lleva a la ansiedad y a la angustia.

En este congreso descubrimos el arte de cuidarse y se nos dio a conocer la importancia de una buena alimentación y de incluir un horario y sujetarnos a él con energía y determinación.

También nos hicieron ver los beneficios de leer mucho, de escribir a mano, de evitar horas y horas en la butaca, y de acercarnos al ejercicio físico como el mejor amigo, pues era la mejor forma de prevenir la demencia.

Nos dimos cuenta de que necesitábamos nuevos modelos de vida, especialmente un envejecimiento activo, y que debíamos aprender a superar nuestros achaques con ánimo, ser obedientes con los tratamientos y, sobre todo, relacionarnos: visitar y recibir a los amigos. Todo eso que nos ayuda a ser un «buen mayor».

Fue estupendo que nos ayudaran a valorar los años transcurridos hasta aquí y a buscar siempre el término justo. Ni inactivos ni hiperactivos. *Ser* más que *hacer*. Si hemos sido pasivos, acostumbrarnos a ser activos. Dar cabida a la espiritualidad y a la transcendencia, ya que ningún viejo religioso se siente solo. Ser cómplice con el bien común, buscando algún modo de poder ayudar a los demás, directamente o por medio de las instituciones. Ahí tenemos a Cáritas, los bancos de alimentos y otras muchas organizaciones que se ocupan de ofrecer ayuda a los necesitados.

La falta de relaciones, nos decían, es lo peor, y nos hablaron de la importancia de estar rodeados de familiares y amigos; de saber aceptarlos con sus defectos (añadidos a veces por la edad), manías, rarezas, inconvenientes…, y de hablar. Necesitamos hablar, hablar desde dentro, de deseos, de añoranzas, y saber pedir ayuda. Hemos de asumir las propias limitaciones y huir del «No puedo».

De este congreso saqué conclusiones valiosísimas que desde entonces he intentado transmitir a todo el que quiera escucharme.

Otro de mis gratos recuerdos que trato de conservar es mi primer encuentro con la que sería mi profesora de Inglés durante diez años. Llevada por mi interés hacia este idioma, frecuentaba un bar donde la dueña se ocupaba de poner en contacto a ingleses con españoles, sentándolos en determinadas mesas.

Aquella tarde me sentaron junto a una joven inglesita de preciosos ojos azules, Becky, cuya mirada de interés por todo me impresionó. Despertó tanta curiosidad y atención en mí que le propuse ser mi profesora en intercambio: ella me enseñaría inglés, y yo, español.

Al proponérselo, para sorpresa mía, me contestó con un rotundo «No», y a pesar de ello le di mi tarjeta, por si cambiaba de opinión. Pasados dos meses, me contestó que ahora se encontraba capacitada, porque había aprendido bastante español.

A partir de entonces, nos encontramos en mi casa cada viernes a las ocho de la mañana. Para mí, fue una experiencia maravillosa: conectar con una persona tan diferente a mí, en edad, idioma, nacionalidad, religión... Tenía sentido del humor, curiosidad, interés y admiración por el estilo de vida español.

Progresaba vertiginosamente en el idioma. Despertaba aficiones que a mí me llamaban mucho la atención; se enamoró del tango y acudía a los bares donde se practicaba este baile. Aunque eso nos daba motivo de discusión, pues yo quería que aprendiera mejor flamenco y sevillanas.

Teníamos también conversaciones culturales. Me traducía *El rey Lear*, de Shakespeare, y yo le leía fragmentos del *Quijote*, de Cervantes... Otras veces le contaba un chiste verde y le decía: «¡Venga, traduce!».

Con Becky tuve la suerte de vér mi país con «ojos de guiri». Ella visitaba sitios que yo no conocía, como el Caminito del Rey, en Málaga, y el Camino de Santiago, haciendo deliciosos comentarios de todo.

Ahora, ella ha regresado a su país, con un trabajo interesante en el mundo de la poesía. He de decir que Becky escribe muy bien; una vez me hizo un regalo muy especial para mi cumpleaños: un poema sobre mi persona, mis aficiones y costumbres. Sin duda, se ha convertido en una destacada poeta en Inglaterra, y tengo la sensación de que mi querida Becky va a llegar a ser muy importante en el universo de las letras en su país, y veremos a ver si también en el nuestro.

En cualquier caso, no deja de tener presente España y, de vez en cuando, me visita en vacaciones, a veces acompañada de sus familiares, como su madre, una encantadora señora que se ha lanzado al estudio del español tras jubilarse como dentista.

Actualmente, nos comunicamos por carta y también por llamadas de WhatsApp, y me hace saber que añora constantemente España, por el sol, por nuestro estilo de vida comunicativo y nuestra afición a los bares. Y es que eso de tomarse unas cañitas con los amigos le encanta.

En cualquier caso, no pierdo mi interés por el idioma inglés, cosa que a mis años conlleva más dificultades. Así que a Becky la sustituyó como profesora mía otra inglesa que ella misma me presentó, interesante y absolutamente dedicada a mejorar su español... y atender a su gato. Me asombra la pasión que siente esta mujer por su felino, al que dedica inmensos cuidados.

Últimamente, tras haber estudiado algunos refranes, hemos llegado a los dichos, como «Gente de otra pasta», «A tontas y a locas», «A mí, plín», «Dándoselas de...», «Tiquismiquis», «Ni chicha ni limoná» o «A freír espárragos». Son las burbujas del idioma, la verdad.

Me gusta mucho hablar con ella, y cada año no se nos pasa comentar los horrores del Festival de Eurovisión. A partir de ahí, le cuento cómo eran los primeros festivales en sus inicios: había un gran escenario en el que una elegantísima presentadora, que hablaba a la perfección varios idiomas, describía el desarrollo del certamen. Todo eran detalles de buen gusto, y el propósito del festival, el reforzamiento de la amistad entre los europeos. El intercambio de músicas y letras lo hacía realmente interesante.

Los que recordamos aquellos estupendos festivales no podemos dejar de comparar y lamentarnos del desarrollo de los actuales. Aunque, mirando el lado positivo, al menos las críticas me sirven para practicar mi inglés.

Estar atenta me lleva a valorar muchas cosas imprevistas; esas que aparecen cuando menos te las esperas. Por ejemplo, me ha impresionado una entrevista en una revista a Michael Caine, un actor americano de mi misma edad. Este señor ha participado en 129 películas y ahora está rodando una como protagonista, a pesar de sus limitaciones.

En la actualidad, no puede andar sin la ayuda de un andador. Además, requiere tiempo para descansar entre toma y toma. Me pareció un ejemplo útil. ¡Veo en él una persona que se supera!... E incluso está escribiendo un libro. Aunque, para esa tarea, dice, solo necesita una silla, un lápiz y un papel.

Naturalmente, lo más extraordinario de este señor es su actitud hacia la vida y su enorme capacidad para detectar lo valioso, como el amor a su mujer, con la que lleva viviendo más de cincuenta años, o su amistad con otros actores, como Frank Sinatra en su momento...

Sabe ser feliz aunque no pueda andar, y es consciente de que, poco a poco, se acerca a la muerte. En esa misma entrevista, cuando el periodista le pregunta si no le da temor tener la muerte a la vuelta de la esquina, él le contesta que no, porque solo necesita rememorar lo feliz que ha sido en la vida. Y en ello tienen mucho que ver la familia y los buenos amigos.

Para mí resulta muy importante la realidad de la amistad, pues los amigos han supuesto en mi vida una segunda familia.

Tengo un gran concepto de la amistad, hasta llegar a definirla como «el amor sin sexo». Se da el caso de que mi mejor amiga lo es desde el jardín de infancia. Y a pesar de que no vive en mi ciudad, tenemos bastante contacto y pasamos buenos ratos hablando por teléfono de nuestra juventud, de nuestras travesuras y, desde luego, de nuestra mutua salud.

Es cierto que, al llegar a Granada, recién casada, eché de menos a todas mis amigas de Madrid, pero tuve la suerte de encontrar aquí nuevas amistades, también valiosísimas, que me han enseñado, comprendido y apoyado en toda situación. Varios se nos fueron al cielo, así como mi marido, al cual echaré de menos todos los días de mi vida.

Con mis amigos he hecho viajes maravillosos y he compartido numerosas tertulias y cenas, y de todos he aprendido una barbaridad.

Recuerdo con cariño un año en el que siete matrimonios hicimos un viaje a Galicia, a Vivero, provincia de Lugo, el pueblo de mi marido; un lugar especial donde las vistas, el mar, las costumbres..., todo es agradable. El paisaje, las comidas, la hospitalidad, la alegría fueron un disfrute para todos nosotros. Y el trayecto, en un autobús conducido por un estupendo chófer, nos dejó ratos inolvidables.

Hicimos varias visitas; entre ellas, a Sargadelos, una increíble fábrica de cerámica de estilo muy particular. En los hogares es común encontrar piezas antiguas de cerámica de Sargadelos, de enorme valor. Tanto es así que una coleccionista de allí recibió una oferta hace unos años: un constructor quiso comprarle una paloma de Sargadelos, ¡a cambio de construirle un chalé!

Cabo de Finisterre, Galicia. Año 1996.

Por otro lado, también disfrutamos mucho de su gastronomía. La comida gallega es exquisita, debido en gran parte a la excelencia de los productos que allí se crían. El clima tan lluvioso no afecta a la alegría de su gente, que frecuenta los bares donde pueden degustar la famosa empanada y otros manjares únicos de la tierra. También los vinos y los postres son deliciosos.

Aquel viaje fue estupendo y estrechamos bonitos lazos de amistad. Un sentimiento enorme sobre el que se ha escrito muchísimo, por cierto. Y siendo así, no me resisto a transcribir estos hermosos versos del poeta tucumano Federico García Hamilton:

Si un día el camino que venía liviano
se te vuelve oscuro y encima empinado,
busca a tus amigos, tómales sus manos,
apóyate en ellos, para repecharlo.
No lo intentes solo, no podrás lograrlo,
y si lo lograras, será a un costo alto.
Con los que te quieren se hará más liviano.
Cuando el cuerpo afloje y te sientas cansado,
cuando la tristeza a tu alma haya entrado,
busca a tus amigos, que son tus hermanos,
cuenta con nosotros, que para eso estamos.
Se conoce el dulce probando lo amargo.
Tras subir la cuesta se disfruta el llano.
Así es nuestra vida, te lo juro, hermano.
En los tiempos duros estarán sus manos
tendidas de amigos, de hermanos,
ya para empujarte, ya para un abrazo,
que al fin de la cuesta se disfruta el llano.

Desde siempre he tenido gran suerte con los amigos, de modo que puedo asegurar que mis amigos son mis hermanos, y mis hermanos son mis amigos. Valoro la amistad como un don de Dios. Sé que requiere cuidados y atenciones, a veces sacrificios, pero no hay nada mejor que un amigo.

Puedo contar que, en la época de pandemia, cuando no se podía salir, para evitar la tristeza y el desánimo, mi amiga María Jesús y yo recitábamos *La venganza de don Mendo* por teléfono. Ella decía una estrofa, y yo, otra. Como lo hacíamos con gran torpeza, nos daba ocasión a reírnos y pasar un buen rato.

Debo destacar estos versitos, llenos de palabras esdrújulas, que conseguimos memorizar las dos. He citado la estrofa ya en páginas anteriores, pero da igual. La repetiré porque sencillamente me hace reír y me gusta:

Siempre fuiste enigmático,
y epigramático y ático,
y gramático y simbólico,
y aunque os escucho flemático,
sabed que a mí lo hiperbólico
no me resulta simpático.

De los amigos verdaderos te puedes fiar; sus consejos son ponderados y valiosos.

El pequeño grupo de mis amistades, en Granada, nació hace sesenta y cinco años. Juntos hemos tenido maravillosos momentos y superado dificultades importantes. Juntos hemos sido jóvenes, maduros, personas mayores. Hemos tenido hijos, nietos y bisnietos, y ahora hacemos el esfuerzo necesario para continuar nuestra amistad viéndonos semanalmente.

Mis hijos admiran la relación contra viento y marea de este grupo de matrimonios. Aunque también tengo otros muy buenos amigos, igualmente importantes para mí, fuera de este grupo, que conste.

Personalmente, valoro muchísimo que la vida me haya puesto cerca a personas tan maravillosas, como, por ejemplo, a mi querida Joaquina Eguaras, navarra de origen, cuya familia se instaló en Granada cuando ella tenía dos años. Andando el tiempo, se convirtió en una arabista entre los expertos de mayor reconocimiento en las inscripciones que adornan las paredes de la Alhambra. Su figura fue tan importante que, al morir, pusieron su nombre a una moderna avenida de Granada.

Ella nos alquiló su piso, pasando a ser nuestra casera, y, gracias a eso, se creó entre nosotros una gran amistad. Mensualmente venía a cobrar, trayendo un cartucho de peladillas para los niños, y para la madre, claro.

Y como Joaquina, han pasado por mi vida muchas bellas personas que me han enseñado el valor de la verdadera amistad. Algunas de ellas hoy me siguen acompañando en mi día a día; de otras, en cambio, solo me queda su recuerdo, que llevo por siempre en mi corazón. Y eso también es bonito. Llevar la mirada al pasado y traer a la memoria las personas que estuvieron en él es algo que alimenta nuestra alma.

Con el transcurso de los años, he caído en la cuenta de la necesidad de desempolvar recuerdos y volver a vivir experiencias. Hay que abrir ese baúl con asiduidad; eso oxigena nuestra memoria. Debemos de ser valientes y confiar en que todo va a ir bien. No tengáis miedo y amad mucho, y recordad siempre la advertencia de san Juan de la Cruz: «Al atardecer de la vida, nos examinarán del amor».

La fortaleza en el amor nos lleva a la paz, y así aprendemos a dominarnos a nosotros mismos, sin importar lo mayores que seamos.

Hemos oído muchas veces que el buen vino se mejora con el tiempo, y que se pierde en carrocería, pero se gana en motor… Hemos de ser fuertes, pacientes, estar serenos, conservando la calma y el buen humor.

Es grande el dolor que nos causan a los mayores las horrendas noticias que vemos en la televisión; la feroz carestía de vida, los jóvenes sin vivienda y sin trabajo… Todo esto nos afecta tanto que es necesario poner de nuestra parte y hacer un gran esfuerzo para no permitir venirnos abajo.

Los mayores somos muy sensibles y nos afecta muchísimo la situación en la que se encuentra nuestro país. Estamos a mitad del 2024 y vemos con horror que nuestra España se va al precipicio. Los jóvenes no sienten el patriotismo, quizá debido a que desapareció la mili.

Nuestros gobernantes nos enseñan a mentir. No hay sentido del deber y tampoco de la familia. La carestía de vida cada semana es mayor. Hay una gran dificultad para encontrar una vivienda. Los okupas se apoderan de nuestras propiedades. El desempleo juvenil es cada vez mayor. Cantidad de negocios han tenido que echar el cierre. Se acuñan frases nuevas para expresar situaciones deplorables, como «la violencia vicaria». Aparecen casos de padres que asesinan a sus hijos para hacer sufrir a su expareja. Crece el número de *menas*, inmigrantes menores no acompañados que vienen en pateras afrontando toda clase de peligros. Somos informados por los medios de tal monstruosidad y después no nos enteramos de la suerte que corren esos niños que vagan solitos por el mundo.

A propósito de esto, he visto una película que considero deber moral el hacerle publicidad, pues es tan durísima como delicada. Se llama *El sonido de libertad*, y nos pone en conocimiento de la trata de niños desamparados (millones en todo el mundo) que son destinados a la explotación sexual o al tráfico de órganos. No importa la condición social, la raza o la nacionalidad; desaparecen y no se vuelve a saber de ellos por culpa de organizaciones que se encargan del traslado inmediato del niño robado a otro país.

Volviendo a lo anterior, he de mencionar también otras circunstancias que hacen que la situación de nuestro país vaya de mal en peor, como el aborto, los matrimonios forzosos y la falta de natalidad. También las nuevas modas que incitan a los niños a cosas inimaginables, como el cambio de sexo a corta edad. Sufrimos con realidades desconcertantes, como preguntar constantemente a un niño: «¿Tú quieres ser niño o niña?», sumergiéndolo en la confusión más profunda, apartándolo de lo que para él o ella es esencial: el juego y la travesura.

Se les quita de la mano el aro y la pelota, y se les coloca frente a las pantallas, donde inevitablemente encuentran pornografía y violencia ya en la edad más tierna y vulnerable.

Se les crea una adicción de la cual es muy difícil salir, haciendo mucho más complicado el estudio en los colegios e incrementando los problemas familiares en casa. Aquí, mi admiración a los maestros de primaria y secundaria, cuya función intuyo dificilísima. Hoy, más que nunca, me parece una vocación heroica.

Todo esto me entristece profundamente, pero no impide que sea consciente de que existe otra parte de la realidad mucho más positiva —en verdad, maravillosa—, y espero que acabe imponiéndose a la oscuridad que a veces parece que se nos viene encima.

En España existen organizaciones que nos llenan de orgullo, como, por ejemplo, la ONCE, la organización de ciegos que, en su clase, no tiene parangón en todo el mundo; Cáritas, grandiosa organización diocesana que hace tantísimo bien a tanta gente cada día; los bancos de alimentos; Cruz Roja Internacional; Red Madre, que se ocupa de ayudar a mujeres en situaciones difíciles por un embarazo no deseado, o Albihar, fundación que ayuda a personas mayores en soledad. Todas ellas son organizaciones benditas, sean o no de motivación religiosa, que nos reconcilian con el ser humano.

Soy una enamorada de la figura de la mujer, de su función en el mundo y en la vida, tan distinta del hombre pero complementaria, ¡y de lo bien que lleva sus peculiaridades! El periodo, por ejemplo, con sus molestias y a veces con sus dolores; la deformación por el embarazo, o las posibles complicaciones del parto.

La madre está adornada con el particular regalo de la abnegación. Dicen que Dios inventó a la madre para poder llegar a todas partes. Ella adivina, observa y piensa en los hijos de forma constante. Asimismo, cuida de mantenerse joven y guapa, se preocupa de no coger peso, sabe alimentar su piel y hace ejercicio. Es amigable y sociable, se interesa por las cosas y por las personas. Sabe sufrir sin considerarse víctima y se sobrepone con valor a las dificultades. Está pendiente de los mayores, es cuidadora, administradora...

Además, una mayoría de madres ofrecen una entrega casi comparable en su desempeño profesional, en el trabajo, en términos de igualdad. La brecha en los salarios y los puestos de responsabilidad se está cerrando, es obvio, y debe entenderse que hay mujeres que anticipan, porque les da la gana, sus intereses familiares a los laborales. Eso me parece maravilloso. El mundo laboral sería mucho más aburrido, triste e ineficaz sin las mujeres, tanto como sin los hombres.

Hablando sobre esto, no puedo evitar traer a mí el recuerdo de las primeras feministas, aquella Flora Tristán (1803-1844), quien aseveró en su día: «Por desgracia, a la sociedad no le interesa educar a la mujer». Hoy podemos suponer que estará contenta contemplando cómo eso ya no es así, al menos en nuestro país y en otros de entre los más avanzados.

Y no nos olvidemos de las sufragistas inglesas de finales del siglo XIX, primeras luchadoras por el voto femenino, cuya versión española se llamó las Sinsombrero.

Entre ellas, Concepción Arenal, que tuvo que vestirse de hombre para recibir un premio; Emilia Pardo Bazán, autora de *Los pazos de Ulloa*, o Zenobia Campruví, esposa del poeta Juan Ramón Jiménez. Y en el ámbito internacional, quiero destacar a Simone de Beauvoir, filósofa francesa, escritora y profesora, quien escribió *El segundo sexo*, obra que constituyó un revulsivo e influyó en la mentalidad de todas las pensadoras y pensadores posteriores.

Estas y otras activistas por los derechos de la mujer encontraron la simpatía y la complicidad de muchos hombres valiosos e hicieron la primera revolución no sangrienta de la historia (además, con éxito).

Otras, por su parte, hicieron un trabajo hercúleo por el prestigio de la mujer y por la igualdad fuera de lo político, como intelectuales o profesionales, incluso como punteras en su campo. Por ejemplo, cito a la filóloga María Moliner, que dio a luz al primer diccionario del español moderno creado por un solo autor.

Todas ellas aportaron y enseñaron a la mujer a ser libre y a querer ser igual que el hombre en derechos. Hoy, por desgracia, algunas nos quieren imponer un modelo de feminismo enrabiado, insultante y desarreglado. Las veo pasar a veces por mi calle en manifestación a grito limpio, agitando los brazos, zafias, mal encaradas, y siento que no buscan la igualdad, sino la supremacía.

Estas feministas de Estado buscan, sobre todo, privilegios y mamandurrias, o sea, un sueldo o una subvención del Gobierno. Personas mediocres sin preparación y sin estudios, incapaces de encontrar vías fáciles e inmerecidas al sueldo abultado de sus sueños. Se agarran a realidades reprochables, merecedoras de crítica, que las hay aún, sin duda, pero su propósito en el fondo no es ayudar a solucionarlas, sino ponerlas a su servicio.

El machismo ya no existe como ideología, o es residual, sin ningún futuro. El feminismo se malogra cuando quiere ser ideología. La solución es un humanismo sin género, llamémoslo «igualismo».

Como veis, siempre he sido una gran admiradora de la mujer. De la mujer tradicional, aquella que se quedaba en casa feliz con sus deberes familiares, sabiendo buscar lo que la enriquecía, en conferencias o actividades y aficiones manuales y artísticas. Pero también admiro enormemente a la mujer actual, tan preparada, tan capaz. En las universidades son más numerosas, y en el mundo del periodismo, hoy día, está muy presente la figura femenina.

La mujer es capaz de todo, ahora que ha desarrollado su inteligencia a través de la cultura y de la formación. Lo fascinante de ella es que, a pesar de tantas ocupaciones, sabe administrar su tiempo y su abnegación en favor de su familia.

Todos los autores, desde Cervantes, se han ocupado de ensalzarla:

Es de cristal la mujer
y no conviene probar
si se puede o no quebrar,
que todo podría ser.

Entre las mujeres que han dejado huella en mi vida, además de mi madre, está Adelina, ya muy mayor cuando la conocí. Se ocupaba de la cocina en casa de mi suegra. Cocinera insuperable, sus valores personales eran aún mayores. Su ejemplo me sirvió tanto en mi formación de ama de casa... No solo por lo exquisito de sus platos, sino por su sonrisa, su talante, su espíritu de servicio, su no contar y su solo querer el disfrute los demás.

Siempre ha sido muy querida en mi familia. De hecho, uno de mis hijos, cuando dio la vuelta a España en moto, pasó por Vivero (Lugo) a visitarla, donde vivía retirada con el apoyo económico de la familia, y ella le dejó caer que le gustaría que algún Galdo ayudara a portar su féretro llegado el momento.

Mi marido, que repetía a menudo que consideraba a Adelina una santa, oyó el reporte de nuestro hijo a su vuelta a casa, pero no dijo nada en aquel entonces. Sin embargo, el día de su entierro, él y sus dos hermanos, Paco y Benigno, marcharon a Vivero para estar junto a ella. Para conseguirlo, alquilaron una avioneta con piloto; precisamente, Manolo Echevarría.

Y otro ser excepcional que dejó un recuerdo imborrable en mi vida fue nuestra Tati, como la llamábamos cariñosamente en la familia. Ella estuvo con nosotros treinta y tres años, encargándose de todo durante el tiempo en que yo trabajaba fuera de casa.

Murió de lupus cuando entonces no había tratamiento para esta enfermedad. De ella aprendí tanto... Abandonada por su marido alcohólico y madre de tres hijos, supo sacarlos adelante heroicamente.

Dejaba a los niños en el colegio y empezaba el trabajo en mi casa, y, cuando terminaba a las cinco de la tarde, recogía a los niños y se ocupaba de las tutorías.

Era tan importante para nosotros que hacíamos lo que fuera por echarle una mano. De hecho, en un momento dado, conocí a un chico inglés que me pareció perfecto como profesor de los hijos de Tati. Como los niños entraban a las nueve al colegio, él debía estar en casa a las siete de la mañana.

El profesor era muy pintoresco. Pelirrojo y pecoso, y hablaba poco español, lo que hacía muy divertidas las clases. Venía en bicicleta y contaba en inglés sus peripecias de tráfico. Uno de los chavales aprendió muchísimo. Me causó gran pena suspender aquellas encantadoras clases por el retorno del profesor a su país.

Cambiando de tema, hoy ha venido a casa una joven periodista y poeta granadina, Celia Pereira, que me pide hablar sobre la elegancia. Y cabe preguntarse: ¿a nuestra edad se puede ser elegante? ¡Claro que sí!

De hecho, tengo amigas casi tan mayores como yo, y son preciosas. Su pelo blanco, sus atuendos apropiados, su forma de hablar y conducirse…

¿Habéis visto la serie *Downton Abbey*, donde todo es elegancia?: la vestimenta, el modo de andar y, sobre todo, de sentarse, o la parquedad en los platos de comida servidos en aquellas mesas llenas de detalles. Eran elegantes hasta los delantales de las empleadas, tan finas y educadas como los dueños de la casa. Elegancia en las relaciones humanas, en el trato, en el tono de voz. Sí, la elegancia es posible a toda edad.

Antes se decía: «Aunque la mona se vista de seda, mona se queda». Pero hoy, con un poco de gracia y atención, se puede ser elegante y agradable de ver.

Mi padre tenía un dicho muy curioso que viene como anillo al dedo para este caso: «Arréglense los jóvenes para agradar y los viejos para no desagradar». A nuestra edad también se manifiesta la elegancia en los modales, en las maneras, en la sonrisa, en el buen gusto... No es cuestión de presupuesto, afirmo. Para ser elegante, no hace falta comprar mucha ropa, sino tener imaginación para combinar la que guardamos en el armario.

En mis tiempos, teníamos el traje de verano, el de invierno, el abrigo, el reloj, el sombrero, el vestido de gitana y el bañador... Hoy, en cambio, se tienen estas prendas en cantidad y, cuando decidimos arreglar el guardarropa, son bolsas enormes las que salen de casa.

Y a propósito de esto, en el arte de las cosas pequeñas, el cuidado de la ropa, el orden de los armarios, me parecen muy prácticos los consejos de la empresaria japonesa Marie Kondo, experta en organización, relativos al «esplendor del orden».

El orden ahorra tiempo y da serenidad; incluso también en la espiritualidad se necesita orden, para comunicarse con Dios y expresarle nuestras necesidades y nuestra gratitud. Orden para pedir por los demás, empezando por los más próximos —*prójimo* viene de *próximo*—, y también por los ausentes y los desconocidos.

Es más, recomendaría incluso poner en orden nuestros recuerdos. Yo soy partidaria de desempolvarlos, es decir, volver a disfrutarlos. Tenemos tantas fotos, tantas cosas que nos ayudan a poner de manifiesto otra vez momentos vividos...

El hijo de una de nuestras amigas (ella ya está en el cielo) se ha tomado el precioso trabajo de pasar una cinta de casete a formato digital para poder verse en la pantalla del televisor, dando ocasión de reunirnos para recordar aquellos encantadores momentos.

Punto y aparte merece una consideración sobre el amor. Amar es ayudar; es desear lo mejor; es buscar la ocasión de demostrarlo; es dar sin esperar. Es desinteresado y generoso. Al hablar de amor, me nace compartir estos versos, los cuales, aunque no estoy segura de su autor, traigo a colación por lo mucho que aportan:

> Mi vida es toda de amor,
> y si en amor estoy ducho,
> es por causa del dolor,
> que no hay amante mejor
> que aquel que ha sufrido mucho.

El amor es algo tan abstracto y tan misterioso que nunca lo podremos definir. Sin embargo, sí tenemos capacidad para repartirlo entre los niños, los enfermos, los tristes y, desde luego, la familia, pues repartir amor nos proporciona alegría y paz, así como una especie de satisfacción que no se puede comparar con nada.

Si hoy me preguntaran sobre el amor, recurriría a Antoine de Saint-Exupéry, piloto de aviación y escritor, autor de *El principito*: «Si queremos un mundo de paz y de justicia, hay que poner la inteligencia decididamente al servicio del amor».

Y es que, efectivamente, el amor, manifestado de tantas maneras, es la salvación del mundo. Ahí está el amor de los padres, de los hijos, de los esposos, y el amor en forma de la verdadera amistad.

El amor es sacrificio, esfuerzo y dedicación; hay que volver al amor limpio, puro y fiel (aunque he de decir que, a veces, me pregunto si el hombre actual solo sabe poner su amor en su perro o su gato...).

Y también es enseñar, pues el amor constituye un tipo de altruismo especial y de gran valor que está en nuestras manos hasta el final. Enseñar detalles, cosas menudas que contribuyen al bien total, y aquí me permito recordar las obras de misericordia, que, según la Real Academia Espa-

Mi marido y yo en La Herradura. Año 1994.

ñola, es la «virtud que inclina el ánimo a compadecerse de los sufrimientos y miserias ajenos»:

Enseñar al que no sabe,
dar consejo al que lo necesita,
corregir al que se equivoca,
perdonar al que nos ofende,
consolar al triste,
sufrir con paciencia los defectos del prójimo,
rezar por los difuntos,
visitar a los enfermos,
dar de comer al hambriento,
dar de beber al sediento,
vestir al desnudo,
dar posada al peregrino,
redimir al cautivo y
enterrar a los muertos.

Enseñar es un acto de generosidad y amor. Por eso me gusta dar algunos consejos que siempre sumen en las relaciones y que a mí, personalmente, me han funcionado. Por ejemplo, en lo relativo a la amistad, hay un gesto (digamos, puntual) que, en principio, parece complicado y no lo es en absoluto: invitar a los amigos a nuestra mesa, cosa que procuro hacer una o dos veces a la semana.

Con la práctica, he descubierto que lo de menos es el menú. Una simpática amiga me decía que ella suele alternar dos platos: «yateví» (*déjà vu*, en francés) y «loquehaya». Lo importante es la atmósfera y el cambio de impresiones.

Recurro al gran psiquiatra Vallejo-Nájera para recordarnos lo importante de mantener en la mesa una única conversación en la que todos participen, cosa difícil cuando los comensales son demasiados.

Después, no debe faltar el cafelito, que sabe tan bien cuando se toma entre amigos y deja el regusto de haber intentado lo mejor. No hace falta mucho esfuerzo ni mucho gasto, solo simpatía, interés verdadero, no fingido, cariño y buena voluntad.

Respecto a mi propia mesa, para invitar a alguien solo pongo dos requisitos: simpatía y buena educación. Se trata de vencerse a uno mismo para conseguir un objetivo. Ningún derroche, más cariño que gastos y, a la hora de recoger, son unos pocos minutos si todos ayudamos.

Nuestra mesa se bendice e, igualmente, se agradece, diciendo: «Gracias, Señor, por tantísimo favor».

Efectivamente, todo supone un poco de esfuerzo, pero merece mucho la pena. Como dice Pemán:

No se puede fabricar
aceite sin estrujar
la aceituna en el molino,
ni se puede hacer buen vino
sin la pisa y el lagar.

Hablo mucho acerca de la amistad con mis nietos, y les digo que al amigo hay que quererlo siempre, cuando sea encantador y cuando esté de malas. El amigo lo es porque lo ha querido Dios, y este nos enseña a ser, incluso en ocasiones más que los padres y los maestros.

A veces viven lejos y nos supone una dificultad para el encuentro, pero, una vez juntos de nuevo, el sentimiento se recupera de inmediato, como si no hubiera pasado el tiempo. Sin embargo, también puede haber personas que reúnen las características óptimas para ser nuestros amigos y que viven cerca, con quienes compartimos gustos y aficiones, pero no son nuestros amigos. Hay que asumir el misterio...

Sea como sea, me asombro de ver lo necesarias que son las relaciones humanas, lo que nos enriquecen, lo que nos aportan. Somos seres sociales, está dicho, pero a lo mejor, en realidad, sería mejor decir «seres amicales».

Los amigos nos aportan grandes beneficios; entre ellos, la risa. Mi amiga Laura me visita asiduamente, lo cual para mí es estimulante y animoso, y me hace mucha gracia su forma de expresarse, pues, generalmente, utiliza términos taurinos y, cuando dice que está muy cansada después de cualquier actividad, asegura: «Me quedé para el arrastre...». O me aconseja «no entrar al trapo» cuando me oye algún comentario... Un día, viniendo del teatro, me aseguró que estaba «lleno hasta la bandera». Cuando trato de convencerla de algo, suele decirme: «Vamos a cambiar de tercio...». Y si me cuenta algo que sucedió hace algunos días, dice que fue «a toro pasado»... Pero ¿quién no ha dicho, me pregunto, que querría «ponerse el mundo por montera», «dar la puntilla» y «saltarse a la torera» ante problemas y dificultades...?

Amigos hay de todas clases y hay que quererlos con sus virtudes y defectos. Por ejemplo, tengo una amiga de mi edad, magnífica conversadora, que se interesa por todo y hace comentarios muy sugerentes y acertados, y, sin embargo, cuando hablan los demás, ella se duerme. Esto me hace verdadera gracia y admiro que no le quite las ganas de seguir comunicándose con otras personas. Quizá se trata de un tipo de narcolepsia...

En cualquier caso, a la hora de entablar amistad con alguien es importante estar pendiente de las peculiaridades de nuestro carácter, sobre todo a cierta edad. Las dificultades propias de la vejez, los achaques y las manías pueden alterar nuestra manera de ser. Y a mí, personalmente, me da miedo perder interés por las personas, ser áspera, distante.

Mantener el buen carácter me exige una lucha constante, pero sé que merece la pena intentarlo, pues, de entre las cosas buenas que me ha dado la vida es mantener a tan buenos amigos a los que admirar y de los que aprender.

Entre ellos, me gustaría destacar a mi amiga Marisol, de ochenta y cinco años, quien, al quedarse viuda, se ha hecho cargo de la finca inmensa de olivos que llevó su marido. A esta edad supera las dificultades de ocuparse de algo desconocido y complejo para ella: maquinaria, empleados, seguros... Es cierto que cuenta con la ayuda de su hija Inés, pero esta, como todos sus otros hijos, tiene sus propios quehaceres.

Hablar con Marisol despierta en mí el recuerdo de aquellas preciosas zarzuelas en las que el protagonista, entre bellísimas canciones, muestra el amor a la tierra y a las labores del campo.

Otro de mis amigos, Felipe, de noventa y cuatro años, me parece fascinante porque a su edad se dedica a la jardinería y, además, participa a menudo en *rallys* de coches antiguos. A lo largo de la vida fue adquiriendo vehículos en mal estado por poco dinero que luego arreglaba y convertía en joyas del coleccionismo automovilístico. Su preciosa mujer, Sofía, lo acompaña a veces vestida de época y juntos conforman una estampa entrañable.

Manolo tampoco podrá irse jamás de mi memoria... Como piloto, fue contratado por la Policía para ciertos seguimientos especiales, y con su avioneta histórica de doble ala participó como extra en varias películas. Con este aparato tuvo dos accidentes de los que escapó con vida milagrosamente. Profesor de profesores, cuando se fue al cielo, dejó su nombre escrito en letras de oro en el mundo de la aviación.

Y otro amigo del alma, inolvidable para mí, fue Gregorio Varela, catedrático de Nutrición, que supo como nadie combinar la sabiduría con el buen humor.

Recuerdo asistir a una de sus conferencias en la que destacó las virtudes de un manjar cuyo consumo recomendaba en especial, el mejillón —y no porque fuera gallego como él, sino por su valor nutritivo y su buen precio—. Y como anécdota, entre el público, una señora levantó la mano para asegurar que a ella ese bivalvo le sentaba regular, y entonces el profesor le preguntó: «Pero ¿le quita usted la cáscara…?».

¡Cómo nos reímos!

Y es que mis amigos me hacen pasar momentos únicos, los que mantienen viva mi memoria y a los que, con los años, me abrazo sentidamente con nostalgia. Gracias a ellos, la vida fue, es y será siempre más bonita.

No estoy segura de que los alcaldes sean conscientes de lo que los árboles suponen para nosotros, los mayores. En nuestros paseos por los parques, miramos y tocamos con ternura sus troncos y acariciamos con la mirada sus preciosas ramas. Valoramos la sombra que nos proporcionan en tiempos de calor y la belleza que aportan al ambiente.

Actualmente, estoy leyendo un libro preciosísimo de Manuel Benítez Carrasco, famoso poeta y rapsoda granadino, titulado *Los nombres de los árboles*, y me han emocionado estos versos al árbol:

Tan duro contra el aire que lo azota,
tan manso para ti, tan compañero,
tan callado, tan noble, tan sufrido,
tan apacible, tan brazo abierto,
tan generoso que, sin tu cuidado,
solo con el del cielo,
da cosecha de rumor y frutos;
cuanto más si le das amor y riego.

El árbol es mi amigo y sufro porque sufre en la sequía. Su corteza se resquebraja, y mi silencio ante el dolor quiero que se parezca al suyo. Amo a los árboles que he visto crecer poquito a poco, y amo la sombra que han proporcionado a lo largo de los años, para hacer grata la estancia en el parque. Me fascina que sean el hogar de las aves y que les permitan hacer los nidos entre sus ramas.

Que sus solemnes brazos están hechos
para los frutos, no para las lanzas,
para los trinos, no para los pleitos,
para la dulcedumbre del murmullo,
no para duros, fieros sones bélicos.

Los he visto luchar contra las inclemencias del tiempo y temblar ante la sacudida de las tempestades, soportar las meadas de los perros. También en un banco, debajo de su sombra, a un señor, muy mayor y muy solo, disfrutando de la tranquilidad y de la paz que el árbol gentilmente le regala.

Amo del árbol su capacidad serena y firme para el sufrimiento, privado de caminar, con el único derecho de ver pasar las nubes y los sueños y de durar años o siglos, padres y abuelos y bisabuelos de otros árboles, quizás. Han regalado sombra y alegría visual a tantos seres humanos, a cambio solo de un poco de respeto.

La prisa, el frenesí, el vértigo de la vida nos impiden muchas veces darnos cuenta de la maestría espiritual del árbol, regalo supremo de Dios, como el agua y el aire, imprescindibles para la vida y la diversidad. Acariciar un árbol contagia energía y nos habla en silencio, si queremos oírlo, de tranquilidad, ilusión y esperanza.

La familia adornando el árbol de Navidad es algo que nunca podré borrar de mi memoria, complemento del pesebre, donde el niño Jesús esperaba nuestros villancicos.

Resuena en mis oídos la voz de mi marido a la pregunta mía, recién casados: «¿No será esto del Belén un invento del hombre?». Él me responde: «Ningún hombre en el mundo puede inventar una cosa tan sencilla».

Si fe, esperanza y amor
me dan tus ramas, también
será toda nuestra vida
amor, esperanza y fe.

En mis recuerdos infantiles aparecen los árboles como lugar seguro donde esconderse, en aquellos encantadores juegos de policías y ladrones…

Haciendo uso de aquella libertad comentada al principio que me proporciona mi estupenda y avanzada edad, paso a considerar algo que ha despertado siempre mi interés: la verdad. El octavo mandamiento de la Ley de Dios se refiere a ella por la otra cara de la moneda: «No mentirás».

Mi amor a la verdad se remonta a mi familia y al colegio, con frases como «Antes morir que mentir» y «El deber ante todo; el deber siempre». La verdad es el primer deber, aunque sea dolorosa. La verdad compromete. «La verdad te hace libre», Jesús *dixit*.

Hoy no se asume esta forma de pensar. Una vez y otra vemos la mentira normalizada, en la política, en la publicidad, en las relaciones. Lo importante es «el relato», el objetivo, el argumento dirigido al interés subliminal del ya convencido y el beneficiario del abuso, no la verdad.

Niños y grandes recibimos el continuo mal ejemplo en las conductas de unos y otros, dando a entender que ser honesto y ser tonto es lo mismo.

Un día cualquiera, uno de mis nietos pequeños me preguntó: «¿Qué es lo que más valoras del mundo, abueli?». Le contesté que la paz interior. Entonces, le contrapregunté: «¿Y a ti?». Y me contestó: «El chocolate». ¡Bendita sinceridad la de los niños!

La anécdota me inspiró a realizar una pequeña encuesta entre el resto de mis nietos, conforme iban viniendo a visitarme, acerca del significado de las palabras *honor*, *dignidad* y *decencia*, y me llevé una sorpresa. Fueron incapaces de definir esos términos, y entonces les rogué que recurrieran al diccionario.

Quizás son demasiado pequeños aún para responder a mi petición, aunque me entró la duda de si incluso una mayoría de adultos sabrían explicar aquellas palabras o siquiera dar unas pinceladas acerca de ellas, pues se trata de conceptos que han sido sacados de la consideración pública como anticuados y obsoletos, un estorbo de la desertizada modernidad ética.

Un tema importante para mí es el silencio. Lo valoro tanto que incluso le doy más valor que a la música, gustándome esta tantísimo.

La zarzuela, la música de las revistas, las rancheras y también la música gregoriana me interesan y me aportan alegría y paz. Aun así, el silencio absoluto es para mí lo mejor. Eso no quita que aconseje cantar a menudo, por supuesto. Los músculos de la garganta necesitan estar activados...; además de que el oído se enriquece con la música. Y el cerebro.

Pero, ¡cuidado!, no mezclemos el silencio con la melancolía o la soledad. A menudo veo que, con motivos o no, hay personas que se dejan llevar por la tristeza. Entiendo que la tristeza es el mayor aliado del enemigo. Por ello, es obligación nuestra buscar ocasiones, relaciones y actividades para evitarla. El que está solo es porque quiere, en la mayoría de los casos al menos, o eso me parece.

Oigo a personas mayores lamentarse de que ya no pueden hacer nada. Cómo me gustaría convencerlas de lo contrario y hacer que salieran de su error. Hay una gran oferta de actividades ahí fuera, y mucha gente maravillosa en todas partes. Debemos proponernos viajar más (con el Imserso o no), cultivar a los viejos amigos y buscar otros, y aprender habilidades nuevas. Respecto a esto último, he de decir que despiertan en mí una especial admiración esos mayores que acceden a la universidad y siguen aprendiendo (y enseñando).

Es requisito para todo esto estar dispuesto a arreglarse, cuidarse, vencer la pereza y acceder a las clases, aunque sea con cierto dolor o alguna que otra molestia. Descubrir el concepto de «viejoven» merece la pena. Y si, además, cuidas tu fe, nunca estarás solo. Quizá entonces, como yo, aprendas a apreciar el silencio.

Voy con otra palabra que me gustaría comentar y que es, además, un recuerdo del pasado: el luto. ¡Cómo nos extraña esa antigua costumbre!, que fue tan bien descrita en la obra de García Lorca *La casa de Bernarda Alba*, o en la inolvidable *Cinco horas con Mario*, de Miguel Delibes, que se mantuvo años y años en cartel, con la interpretación magistral de Lola Herrera, sola en el escenario.

Ahora vemos que el luto era cruel. La mujer desde joven estaba sometida a vestir de negro cada vez que moría un familiar. Incluso se daba el caso de que alguna joven enlazaba el luto por una y otras personas de la familia, hasta llevarlo durante años, mientras que el hombre hacía notar la pérdida con una banda negra en la manga de su chaqueta... Hoy, esto nos parece una gran injusticia y agradecemos vivamente que esa costumbre haya desaparecido.

En mis recuerdos está también el hábito, tradición que a mí de pequeña me espantaba. Era la promesa que hacían algunas mujeres de obligarse a utilizar un atuendo muy simple de forma exclusiva durante mucho tiempo. Los hábitos solían ser morados o negros, y se adornaban solo con un cordón en la cintura.

En ocasiones, esto de llevar una misma prenda se lleva a cabo, pero con un fin muy distinto y simpático, como sucedió en este episodio que voy a contaros:

En el año 2006, mi marido y yo celebramos nuestras bodas de oro organizando un viaje familiar a Madrid, donde nos habíamos casado, acompañados de hijos, nietos y bisnietos. Llenamos un autobús, y ya solo eso resultó muy memorable.

En un momento dado, todos nos pusimos una misma camiseta blanca, con una imagen impresa de nuestra boda hace cinco décadas y las palabras: «Sí, quiero. Bodas de oro Galdo Fuentes, 2006». Nos hicimos una foto al bajar del bus en Madrid que quedó graciosísima.

Aprovecho para decir que fue un viaje fantástico. Visitamos el Museo del Prado, los jardines del Buen Retiro y la iglesia de San Jerónimo el Real, donde recibí los sacramentos del bautismo, la primera comunión, la confirmación y el matrimonio. Después, degustamos tapas típicas en el Madrid antiguo y, cómo no, el famoso cocido madrileño. Naturalmente, también fuimos al teatro...

Este momento entrañable dejó en mi memoria grato recuerdo que nunca podré olvidar: organizamos un desayuno en el Hotel Ritz, al que invitamos a todas las personas que habían acudido a nuestra boda. Me dio mucha pena descubrir que algunos de mis parientes que ya habían pasado los cincuenta años usaban silla de ruedas...

Mi familia madrileña quiso hacerme un regalo, y me atreví a pedirles que mejor reunieran en un sobre el dinero que fuera, para ayudarme en un pequeño proyecto que me traía entre manos: encargar un sagrario para un centro que, por entonces, se iba a inaugurar en un barrio de Granada. Con ello, al final, acabó siendo un viaje de lo más benéfico.

Celebrando nuestras Bodas de Oro entre amigos. Año 2006.

Y hablando de regalos, últimamente he recibido uno muy especial de una de mis seguidoras en Instagram: un retrato de mi persona en acuarela. La autora es una joven pianista, además de pintora, llamada Araceli F. Berestegui.

Nunca había posado para nadie antes, ni en mis mejores tiempos, y hacerlo ahora, con noventa y un años, fue una experiencia nueva y agradable.

La joven artista, tan interesante como guapa, me animaba constantemente a mantener la actitud estática conveniente, pero no me fue nada fácil. Había personas a mi alrededor que no estaban por la labor y, sin darse cuenta, me condicionaban con su conversación.

Aprecio mucho este retrato; tanto es así que hoy decora las paredes de mi salón.

A continuación, hablaré de una de las experiencias más increíbles que he vivido en los últimos años: la celebración de mi noventa cumpleaños en Madrid.

Jueves 8 de junio del 2023. Salimos en el AVE a las tres de la tarde —Marta, mi hija; Blanca, mi nieta, y yo—, iniciando así un viaje sensacional. El asiento contaba con mesa, de modo que ellas pudieron usar sus ordenadores.

En el tren conocimos a un psicólogo militar cuya conversación tan interesantísima nos hizo pasar momentos encantadores mientras, desde la ventanilla, divisábamos con asombro la cantidad de kilómetros y kilómetros de preciosas plantaciones de olivos.

Cuando llegamos a Madrid, nos fue fácil encontrar un taxi en la estación de Atocha, y este nos condujo hasta el paseo de la Castellana, donde estaba nuestro hotel, en el que nos asignaron dos habitaciones con repartidor. El bonito barrio y la temperatura deliciosa hacían que nos sintiéramos inmensamente felices.

Seguidamente, tomamos de nuevo un taxi que nos condujo hacia el centro y en el recorrido sentimos verdadera emoción. Madrid estaba precioso, y el taxista, amable y conversador, nos hizo el trayecto ameno.

Teníamos entradas para el teatro, donde se representaba *El método Grand Hall*, fantástica actuación del gran Luis Merlo. Habíamos tenido mucha suerte con las entradas y la obra de teatro nos pareció un exponente del mejor trabajo escénico; todos los actores eran absolutamente magníficos. Blanca pudo sentarse en primera fila y disfrutó tanto que, al final, declaró, llena de entusiasmo: «Abueli, desde ahora, soy tan teatrera como tú...».

Después de una cena ligera en el restaurante El Castizo, nos fuimos al hotel con el delicioso regusto de un día completo. Dormimos fenomenal y, al día siguiente, nos despertamos tempranito.

Mi hija había preguntado el precio de una noche en el Hotel Ritz, construido en 1915 durante el reinado de Alfonso XII, pero era exorbitante. No obstante, me apetecía visitarlo al menos. De niña pasé delante de su puerta cientos de veces, en el camino entre mi casa y el colegio, siempre con un hombre grande de pie en uniforme largo y con su gorra de plato.

Marta comunicó al amable personal del hotel que yo, su madre, era *instagramer* y que tenía más de cien mil seguidores, y, en vista de ello, nos ofrecieron enseñarnos el edificio por dentro.

Nos mostraron zonas preciosas, muebles importantes, espejos bellísimos, sofás supercómodos... Nos llamaron mucho la atención los ramos de flores, que ellos mismos cultivan y arreglan en un invernadero que tienen en el sótano. Y también los tejados transparentes. Al comentarlo con la encantadora señorita que nos acompañaba, nos hizo saber que, en la última restauración del hotel, hacía solo unos años, repararon las cristaleras, que habían sido recubiertas durante la Guerra Civil, para protegerlas de los bombardeos. Se llevó a cabo una limpieza y, felizmente, ahora vuelven a ser transparentes y proporcionan luz natural cenital a los salones.

Fuimos invitadas al desayuno y, tras esta experiencia deliciosa, antes de salir a la calle, entramos en los aseos, donde nos chocó que en la tapa de los inodoros había una pequeña argolla para poder levantarla sin tocarla. Qué exquisitez...

Cuando ya nos disponíamos a salir, se abrió la puerta y apareció una señora alta y atractiva que, para asombro mío, se acercó a mí y me dijo: «Esta es la señora que dice cosas bonitas por las redes». En ese momento, mi hija exclamó: «¡Ana Rosa Quintana!».

Naturalmente, nos causó a las tres una divertida impresión. Sin embargo, ella tenía mucha prisa, la estaban esperando en un coche, y no pudimos entablar conversación.

En recuerdo de aquel encuentro, al llegar a mi casa de Granada, le escribí una carta que decía lo siguiente:

La vi a usted en su primera aparición en la televisión, junto a otra periodista, y su persona me causó maravillosa impresión; su modo de conducirse y sobre todo sus manos y su forma de moverlas. Supe que iba usted a llegar muy lejos.

Tiempo después, cuando se supo de su enfermedad, la encomendé al Señor (soy creyente y practicante) y más adelante, cuando se informó de su recuperación, di muchas gracias a Dios.

Dirigí esta misiva a la dirección que me proporcionó mi hijo, productor de televisión, y nunca obtuve respuesta, pero mantengo mi admiración.

Terminada la visita al Ritz con tan buenas sensaciones, sobre todo por la cordialidad del personal, salimos del hotel y nos dirigimos hacia la cercana calle de Antonio Maura. En el portal número 20 nací yo y tuve mi hogar durante mis primeros veintiún años de vida, junto a mis padres y hermanos.

Subimos en el ascensor, que estaba primorosamente cuidado, con la misma apariencia de los viejos tiempos, y llegamos al quinto piso. Llamamos al timbre, pero no nos abrió nadie, y entonces subimos a la buhardilla.

Disfruté muchísimo mirando por la ventanita desde donde se ven los tejados de Conchita Valero, mi vecina y amiga, y recordé con horror cómo, siendo adolescentes, nos salíamos por esa ventanita para broncearnos sin tener en cuenta el peligro, sin reparar en el riesgo evidente. Menudas jovenzuelas...

Ya en la calle, nos dirigimos a los Jerónimos, donde oímos misa en una capilla adicional pero preciosa. Estábamos invitadas a comer en casa de Conchita Valero, amiga mía desde la infancia, como ya he comentado anteriormente, y esposa del gran galerista Leandro Navarro.

Nos recibió con emoción y nos ofreció un delicioso aperitivo en la habitación más bonita que he visto en mi vida: una biblioteca con escaleritas para acceder a los libros más altos y un conjunto de sofás tapizados al estilo escocés.

En ese rato, acudieron a saludarnos dos de los hijos de Conchita. Uno lleva la galería familiar actualmente y la otra era su hija menor; ambos, sin duda, encantadores. La Galería Leandro Navarro es famosa por sus importantísimas exposiciones, a las cuales tengo el honor de ser invitada cada mes, a pesar de que nunca he asistido.

Posteriormente, pasamos a comer. Nos sentaron en una mesa elegantísima con preciosos «tú y yo», y una señora sudamericana amable y efectiva nos sirvió con gran pericia. Durante la comida hablamos de cosas interesantes y todas disfrutamos una barbaridad.

Cuando salimos de allí dimos un largo paseo por el barrio de las Letras, donde nos llamó la atención los poemas incrustados en el suelo con letras metálicas de grandes escritores. Compramos algunas cositas, ¡que no están los tiempos para más!, pero nos maravillaron los pequeños comercios, donde encontrabas lo específico del barrio y percibías una atmósfera muy especial.

A continuación, vino la visita al Retiro. ¡Cómo ha cambiado!... ¡Pero qué bien conserva su sabor de parque acogedor y hermoso! Allí quise volver al quiosco donde mi padre me invitaba a zarzaparrilla, que existe aún, aunque con otra configuración. Fue tan gratificante...

Después, nos fuimos a casa de Sacramento, mi cuñada, quien vivió siempre cerca de mi madre, su suegra, y había hecho las funciones de hija, cariñosa hasta el extremo. Lo cual hace que yo sienta hacia ella verdadera adoración.

Nos había preparado una merienda. Me alegré mucho de verla y me encantó ver las mejoras en su casa: la cocina nueva, la terracita, los suelos, las ventanas. Es una mujer digna de admirar, pues va saliendo adelante de muchísimos problemas de salud y siempre luce un aspecto agradable y estupendo.

Varios de sus hijos nos acompañaron, especialmente Isabel y José, veterinarios ambos, que prestaron gran atención a Blanca, mi nieta, que estudia la misma carrera. Y luego, acudimos juntos al teatro, donde se representaba *Laponia*, una obra realmente buena, con actores de primera categoría. Acabada la función, llegamos a nuestro hotel, por fin, deliciosamente cansadas.

El día 10 nos levantamos tempranito y bajamos a desayunar en el comedor del hotel, donde los empleados saludaban a mi hija Marta con afecto y respeto. Ella trabaja en los servicios centrales de esa cadena hotelera, con sede en Roquetas de Mar, Almería.

A continuación, tomamos un taxi para dirigirnos al Museo del Prado. Marta había llamado previamente para prevenir que yo, señora nonagenaria, no tuviera que hacer cola, y le informaron que debíamos dirigirnos a la puerta dos. Allí nos proporcionarían una silla de ruedas. ¡Qué maravilla! Poder recorrer el Museo del Prado cómodamente sentada es una de las pocas ventajas de tener muchos años.

En un momento dado, quisimos hacer un descansito y encontramos un pequeño bar, estupendo para reponer fuerzas, donde vimos a una señora sentada en una mesa, sola. Su apariencia era tan atractiva que no pude resistir la tentación de dirigirme a ella y, unos minutos después, estábamos las cuatro hablando en inglés. Se llamaba Mery, canadiense, y era simpatiquísima; pero yo, temiendo no llegar a tiempo a casa de Maru, donde habíamos quedado tras la visita al Prado, acorté nuestra conversación y no me quedé con sus señas. Era una persona tan fascinante y se interesó tanto por mí que, al despedirnos, de sus ojos brotaron lágrimas...

Después de disfrutar de los cuadros más maravillosos del mundo —*Las Meninas* de Velázquez, *El Jardín de las Delicias* del Bosco y de decenas de representaciones más, especialmente de tipo religioso—, salimos del museo y, a bordo de un taxi (salen carísimos, por cierto, todo hay que decirlo, pero los conductores son encantadores), llegamos a San Francisco de Sales.

Al entrar en casa de Maru, mi prima hermana, nos sorprendió gratamente su aspecto: divinamente maquillada y arreglada. Estaba en silla de ruedas, pero era chocante su excelente humor y su encantadora forma de relacionarse. Maru se rodea siempre de gente estupenda y fue muy agradable participar de su compañía. Disfruté cantidad y me dejó un bonito recuerdo este encuentro familiar.

De allí, cogimos un taxi para ir a casa de Marité, mi querida cuñada. Ella y todos sus hijos nos recibieron con enorme cariño, bromas y alegría. ¡Qué maravilla volverlos a ver! Sobre todo, después de los últimos acontecimientos, pues la tía Marité se repone de un ictus paulatinamente. Aunque luce estupenda, eso es verdad; además, ha perdido muchos kilos y se encuentra ágil.

Cuando salimos, nos fuimos a encontrar con Angelillo Galdo López, mi nieto, y su novia, y nos tomamos algo para cenar en una calle céntrica. La novia, Isabel, me gustó, me pareció muy interesante su mirada y vi en ella una gran seguridad en sí misma.

Acabada la cena, nos dirigimos juntos al teatro, cómo no, donde se representaba un magnífico musical, *Aladdín*, y, a la salida, regresamos al hotel absolutamente fundidas.

A la mañana siguiente, día 11, nos levantamos muy temprano y, después de desayunar, cogimos el AVE para disfrutar de un encantador viaje de regreso a Granada, en el que comentamos la experiencia en Madrid y compartimos nuestras emociones y mis nostalgias.

A veces la vida te pone en contacto con personas que te enriquecen y te ayudan —sin saberlo— en tus problemas personales.

Una queridísima amiga sufre terribles dolores causados por la enfermedad que padece. Muchas veces reparo en la forma en que lo soporta y me pregunto de dónde saca esa fuerza, ese equilibrio y ese buen humor, a pesar de todo. Supone para mí un ejemplo valiosísimo que procuro aplicar a mi persona.

Días atrás, mantuve con ella una conversación que me resultó enormemente enriquecedora… Le pregunté qué hacía para estar siempre alegre, compuesta y servicial, a pesar de sus dolores, y me contestó que buscaba la energía que requiere su situación en el ejemplo de otros. En ese momento, sentí vergüenza ante el hecho de que yo, algunas veces, hago «tragedia» de pequeñas cosas, como abrocharme los botones, subirme las mangas o ponerme las medias. Veo en ello algo irritante y le doy más importancia de la que tiene.

Mi buena amiga me confesó, además, que busca fortaleza en la literatura, como en estos versos del sacerdote Martín Descalzo, tan duros como consoladores:

Nunca podrás, dolor, acorralarme.
Podrás alzar mis ojos hacia el llanto,
secar mi lengua, amordazar mi canto,
sajar mi corazón y desguazarme.

Podrás entre tus rejas encerrarme,
destruir los castillos que levanto,
ungir todas mis horas con tu espanto.
Pero nunca podrás acobardarme.

Puedo amar en el potro de tortura.
Puedo reír cosido por tus lanzas.
Puedo ver en la oscura noche oscura.

Llego, dolor, a donde tú no alcanzas.
Yo decido mi sangre y su espesura.
Yo soy el dueño de mis esperanzas.

La lectura de este soneto y el saber que de él sacan energía y fuerza personas sometidas a grandes sufrimientos me ayudaron inmensamente. Y vi que yo también podría encontrar en él la fortaleza necesaria para ir saliendo adelante de todo lo que se vaya presentando.

Particularmente, hallé también consuelo y esperanza en este otro maravilloso poema de Santa Teresa de Jesús.

Nada te turbe, nada te espante;
todo se pasa, Dios no se muda;

la paciencia todo lo alcanza.
Quien a Dios tiene nada le falta.
Solo Dios basta.

Paso a considerar circunstancias estimulantes y abro un pequeño apartado para resaltar las buenas impresiones que nos causan muchas cosas.

Reparo en el esfuerzo de los jóvenes de ahora y siento gran admiración por ellos, y valoro también lo que debe costarles salir adelante en sus estudios y trabajos, que en muchas ocasiones compaginan.

El ambiente en la sociedad actual, blandita, nada ejemplar, los ayuda poco en sus afanes. Los horarios y el combinar el trabajo con el ocio (las discotecas, el deporte, los amigos, las parejas…) les hacen difícil encontrar el tiempo necesario para sus estudios. Están sometidos a una presión constante que hace más dura su situación. Además, a las preguntas que naturalmente se hacen sobre su futuro no encuentran respuesta; se los ve angustiados ante el hecho de no encontrar trabajo ni vivienda, y sin ningún apoyo verdadero del Gobierno.

Me duele que haya gente sin trabajo, porque para mí es algo necesario, como el aire que se respira. Me hace sufrir ver a los jóvenes formados en nuestro país que tienen que buscarse oportunidades en el extranjero.

Soy consiente de que todos estos argumentos están muy trillados y son valorados desde varios puntos de vista; pero esta vieja que soy yo siente que, al menos, puede vaciar sus angustias en estas páginas...

Estos días he tenido que asistir a Urgencias, donde he sido estupendamente atendida. Aunque también he de decir que tuve que aguantar muchas horas de espera...

Ese tiempo me sirvió para observar conductas y comportamientos del resto de pacientes en la sala de espera. En general, reconocí, una vez más, la maravilla que es la institución familiar. Personas mayores dependientes recibiendo un trato cariñoso y amable de sus familiares, acompañándolos en los momentos duros. Pero también percibí aspectos no tan positivos. Me asombró el gran número de personas con enfermedades tan diversas, y la cantidad de hombres y mujeres que acarrean serios problemas alimenticios, como la obesidad. También, a aquellas altas horas de la madrugada, pude llegar a ver tristemente a jóvenes trastornados por el alcohol y las drogas viniendo a buscar asistencia médica. Pero, sobre todo, llamó mi atención la gente que protesta por la espera, sin valorar el magnífico trabajo de los facultativos y empleados.

Personalmente, pienso en lo que es la Seguridad Social y su grandeza. Allí se reúnen todas las clases sociales, recibiendo el mismo trato. En una ocasión, tras superar una operación, compartí habitación con la mujer de un chatarrero y pude comprobar lo bien que respondía al trato recibido de las enfermeras, cooperando con ellas y asumiendo sus consejos. Recibía frecuentemente la visita de su hijo, que igualmente se mostró muy educado y cooperó todo el tiempo con el equipo médico.

Esto me resultó alentador, a pesar de que el hospital no es precisamente el lugar más feliz al que acudir... En él, la vida y la muerte confluyen, y cuando eres mayor empiezas a temer la llegada de esta última...

Es verdad que a nuestra edad se nos presentan dolorosas realidades a las que nos tenemos que acomodar, y es que vivir muchos años tiene su precio. Pero mejor que quejarse es asumirlo todo con ingenio y buen humor. En mi caso, echo mano de mi pequeña capacidad poética y construyo algunos versos inspiradores, como este que escribí cuando noté los primeros síntomas de mi vejez:

Entrar en la vejez implica,
un asombro y una anomalía.
Es encontrarte con una sorpresa
que jamás esperaste que vendría.

Tú, sin fuerzas o tan debilitadas.
Tú, con cientos de achaques y caídas.
Tú, sin sueño y sin memoria viva.
Tú, con dolores y con mil recaídas.

Ya nada queda de tu grata vida.
Ya los recuerdos fallan y se oxidan.
Ya miras al espejo y no te encuentras.
Ya no es tu caminar, ya no es tu vida.

Hay sin embargo algo misterioso
que me mantiene y me tiene victoriosa,
sin que el ánimo decaiga o se marchite,
sin que se venga abajo mi reposo.

Y yo sé que es tu mano, Jesús mío.
Sé que me ayudas tan constantemente
que no te alejas nunca de mi vida
y que cuidas de mí continuamente.

Noto tu ayuda y noto tu alegría.
Sé las durezas de la vida y sus dolores,
mas percibo tu amor y tus caricias
cual si me rodearas de mil flores.

Percibo una dulzura y un encanto
con solo recordar que tú me quieres,
en saber que me cuidas y sonríes
y que me ayudarás cuando muriere.

Sí, mi Señor, tú bien conoces
lo que me cuesta a mí recuperarme,
mi lucha por quitar defectos
y mi afán de cambiar y mejorarme.

Tu presencia, Señor, aunque invisible,
me llena de alegría y de contento,
que noto en mis entrañas tu dulzura
y siento tu cariño y tu aliento.

Saber darte las gracias yo quisiera,
valorando lo mucho que he tenido;
agradecer mis gentes y mi vida;
mi fe, mi religión y mi sentido.

A nuestra edad veo muy necesario sentarse a pensar y hacer testamento vital con nuestras últimas voluntades. (Mientras escribo esto, estoy escuchando mi música favorita, que es *Paseos nocturnos por las calles de Madrid*, de Luigi Boccherini).

Cuando tenemos la muerte a la vuelta de la esquina, los que creemos en una vida eterna tenemos mucho andado; la esperanza y la seguridad en una vida mejor, maravillosa, nos ayudan a suavizar nuestra natural resistencia a separarnos de esta vida.

Qué bien si tratamos de ahondar en tan serias realidades. Cada uno, en su religión y sus creencias, buscando la paz y el sosiego ante estos profundos pensamientos. Personalmente, como católica practicante, encuentro tranquilidad y confianza. Pienso en un cielo donde no hay pesar, ni prisas, ni sufrimientos; donde me voy a encontrar con mi Dios y a reunirme de nuevo con mis seres queridos.

Pienso en la suerte de haber disfrutado de la España próspera de años atrás; aunque sufro enormemente viendo a mi patria cambiando... para mal. Por ejemplo, me espanta cruzarme por las calles con mujeres y hombres cuya vestimenta es inadecuada e irrespetuosa con los demás. Reina el mal gusto y se ha perdido la buena educación.

Pero no todo es malo. Ahora, los mayores vemos las cosas con más perspectiva y hemos adquirido toneladas de comprensión. Disculpo las torpezas, sonrío ante las dificultades, entiendo que los demás tengan broncas y problemas a los que les dan gran importancia, mientras que yo sé que son pasajeras. Tengo claro que todo pasa, nada me parece tan grave, y quisiera que todos vieran las cosas como yo, echando «pelillos a la mar».

Pensando en ello, descubro que puedo aportar algo valioso: mi sosiego; mi presencia relajada y tranquila; mi ternura y mi sonrisa.

Y volviendo al tema de la muerte, a mi alrededor ocurre algo curioso e interesante que se repetirá en muchas personas de mi edad: de mi grupo de amigos, faltan ya la mitad, y eso me entristece...

Pero no está todo perdido, pues los que quedan son muy valiosos. Hablar con ellos es recordar ocasiones vividas, lo que me supone un bien enorme. De modo que les he sugerido tener un encuentro especial en el que cada uno cuente cómo conoció a los demás. ¡Hace tantísimos años!... Alguno recordará detalles y situaciones, y otros, en cambio, no; pero todos rebobinarán en sus memorias y será un fructífero ejercicio mental.

Los amigos que se fueron nunca se podrán olvidar. Del amigo recibimos una corriente especial, una influencia que deja huella y que no se borra con su ausencia. Nos consuela de su pérdida el saberlo en la otra vida inmensamente feliz.

Estos días me he encontrado con un libro muy interesante, *El arte de ser abuelos*, en el que se comparten formas estupendas para facilitar la vida a nuestra edad: aceptar, disfrutar, participar y ser más felices en nuestras relaciones y con nosotros mismos. Y como abuelos, ponernos un objetivo: hacer que nuestros nietos estén muy a gusto.

Todos tenemos mucho que aprender en cuanto a relaciones humanas y en comunicación, entre otras asignaturas pendientes del pasado, como a amarnos a nosotros mismos para así mejor amar a los demás.

Muchos de nosotros, los mayores, necesitamos subsanar sucesos del pasado, pero todos, haciendo una revisión personal, podemos mejorar nuestra vida.

Juguemos con nuestros nietos y bisnietos, dedicándoles tiempo, ayudándolos a observar y admirar cuanto nos rodea. Descubrir el valor de los juegos clásicos, como el parchís o el dominó…, y enseñarles algunas rimas como las de este simpático poema de Fernández de Moratín:

Admirose un portugués
de ver que en su tierna infancia
todos los niños en Francia
sabían hablar francés.

En La Herradura, con mi nieta Ángela. Año 1995.

«Arte diabólica es
—dijo, torciendo el mostacho—,
que para hablar en gabacho
un fidalgo en Portugal
llega a viejo, y lo habla mal,
y aquí lo parla un muchacho.

En definitiva, los libros nos enseñan cantidad de cosas, por eso estoy tan apegada a ellos y me encanta entrar en las distintas librerías. Pero también creo que es importante prestar atención a nuestra propia estantería, contemplar los libros interesantes que leímos en el pasado y descubrir el «arte de releer». Tenemos colecciones y libros antiguos de gran valor a los que no hemos echado una mirada desde hace mucho tiempo. Y quién sabe si alguno de ellos se nos presenta en el momento más oportuno para que su mensaje cale en nuestra alma...

Para mí, un hallazgo reciente ha sido la aclamada novela de Oscar Wilde *El retrato de Dorian Gray*, la historia de aquel hombre que no quiso envejecer y al que le horrorizaba perder su lozanía y asumir los pliegues del tiempo y la calva. Este había hecho un pacto con el diablo después de ser retratado por un pintor en el mejor momento de su vida, cuando se veía guapo, atractivo y, sobre todo, joven... De esa manera, mientras él se conservaba lozano y jovial, lo cual lo colmaba de alegría, el retrato, oculto en un desván, devolvía la imagen de un hombre envejecido, lleno de arrugas, sin brillo en la mirada...

La lectura de este libro por segunda vez me ayudó a descubrir la maravilla de saber envejecer y de tener ganas de tener ganas... De buscar en cada momento la energía y la fuerza necesarias para salir adelante del deterioro físico y de la fragilidad que causan los achaques, y declarar la importancia y la grandeza de la espiritualidad.

Este consejo acerca de las ventajas que tiene amar y recurrir a los libros, antiguos y nuevos, es algo muy personal, pero creo que efectivo para todo el mundo. En cualquier caso, me gusta pensar que mi modo de entender y vivir la vida le servirá a alguien, como a mí me inspiran otros. Y es que conservar la capacidad de admiración y saber extasiarnos es algo enormemente beneficioso y que podemos contagiar a los demás. Lo vemos en figuras famosas como Carlos Saénz, que nos asombra con su sencillez, en medio de su fama y su atractivo personal... Carlos Arguiñano no se cansa de ofrecer sus conocimientos culinarios, impregnados en simpatía y naturalidad... El papa Francisco, que cada día tiene que asumir que se tergiversen sus palabras... San José María Escrivá, que nos aconsejaba: «Que tu vida no sea estéril, sé útil, deja poso, ilumina los caminos de la tierra con la luminaria de tu fe y de tu amor». También en los grandes psiquiatras, que tanto bien hacen a este mundo trastornado y sin rumbo; por ejemplo, Luis Gutiérrez Rojas y toda su familia, y la encantadora psicóloga Patri que vemos en televisión. El gran periodista Vicente Vallés, tan amante de la verdad como valiente. Y en el recuerdo inolvidable, la madre Teresa de Calcuta, con sus maravillosos consejos..., y Rabindranath Tagore, que nos decía: «La vida se nos da, y la merecemos dándola».

A lo largo de mi vida he descubierto el arte de hacer de una costumbre algo encantador: una vez al año, dos amigas y yo subimos al Hotel Palace a desayunar, para celebrar el cumpleaños de las tres, que coinciden en el mismo mes.

Desayunar allí tempranito, en el mes de junio, es un verdadero placer. Tomar un café disfrutando de la vista de Granada, de la luz, de la temperatura, de la paz y la tranquilidad. Poder encontrar con la vista rincones preciosos de nuestra ciudad.

Además del lujo del silencio a esas horas, es de mencionar la atención exquisita del personal. Esta última vez, fuimos obsequiadas con el segundo tomo del libro *La historia del Hotel Palace*, que fue inaugurado por el rey Alfonso XIII. En sus páginas conocimos y admiramos la generosidad y la entrega del duque de San Pedro de Galatino, que hizo tanto por Granada.

Nuestra ciudad es una de las más bonitas de Andalucía, de España y de Europa, sin duda, y cuenta con maravillas que ya conocemos, pero que podemos conocer mejor y disfrutar más a menudo.

Siempre tenemos la opción de ir en grupo y recurrir a un guía profesional para visitar los lugares más emblemáticos de la ciudad: la Alhambra, el mirador de San Nicolás, el parque de García Lorca, la catedral, la Cartuja y la mayoría de las iglesias.

Y es que ¡cuántas experiencias nos proporciona la vida! Pero mejor aún es lo que podemos extraer de ellas...

Una tarde, recibí la visita de mi amiga Laura, con sus preocupaciones y sus descubrimientos, y me comentó sus esfuerzos por encontrar solución a problemas y dificultades, y cómo había recurrido a algo que aprendió en su colegio: los dones del Espíritu Santo. Consideré un acierto acudir a esta fuente y repasé mentalmente aquella lista aprendida en la infancia sobre los dones divinos de sabiduría, inteligencia, consejo, fortaleza, ciencia, piedad y temor de Dios.

Me paré a pensar que el hombre que se siente adornado por estos dones es el más sabio de todos los sabios, pues tiene en sus manos la mayor riqueza del mundo: la posibilidad de hacer el bien. Y reparé en la grandeza de saber quién es el Espíritu Santo y lo que supone en nuestra alma. Muchos son los frutos que se obtienen de una relación fluida con Él, tan útiles para el estado de nuestro espíritu: caridad, gozo, paz, paciencia, longanimidad, bondad, benignidad, mansedumbre, fidelidad, modestia, continencia y castidad

¡Menuda colección de conceptos para reflexionar! Creo que la mayoría están suficientemente explicados con solo la palabra, salvo quizás la «longanimidad», que, según la Real Academia Española, es «la grandeza y constancia de ánimo en las adversidades».

De igual modo, me parece interesante el concepto de «examen de conciencia». Pienso que, si el hombre actual lo pusiera en práctica, no habría disputas, o muchas menos, ni rupturas, ni odios, ni rencores..., tal vez incluso ni siquiera existirían las guerras. Y es que ¡cómo nos hace sufrir saber de los conflictos bélicos en pleno siglo XXI! Hace poco vi una escena en un telediario que jamás podré olvidar: un niño enterrando a otro niño. Se me rompe el corazón al saber que esas bombas caen sin piedad sobre la gente, destruyendo vidas y nuestro planeta, y me horrorizo cuando los proyectiles arrasan los Santos Lugares, allí donde nació y vivió Dios hecho hombre y donde dejó establecida su doctrina. Allí donde se produjo la redención…

Pero me niego a terminar este apartado de un modo triste, sino con un mensaje alentador. Pues, en definitiva, todo esto me sirve para expresar lo fructífero que me resulta el cambio de impresiones con mis amistades —y en este caso concreto, con mi querida amiga Laura—, sobre los aconteceres del día a día o la realidad que nos rodea, o sobre los grandes conceptos que acabamos de ver, aunque fuera solo porque ello nos ayuda a valorar lo que tenemos, a desarrollar nuestra memoria y a volver a disfrutar de lo aprendido y lo vivido.

En las próximas fiestas del Corpus tendremos la suerte de recibir en Granada estupendas compañías teatrales. ¡Y viene Lola Herrera, la gran dama de la escena! Después de la función, si conseguimos entradas, intentaremos acceder al camerino, como es habitual en nosotros, para dar nuestro saludo y nuestra felicitación a la gran estrella.

También recibe la ciudad en estas fiestas del 2024 la visita de Miguel Ríos, roquero granadino que tuvo un tierno encuentro con la estupenda actriz Loli Morante, de la que fue compañero en su juventud.

A esta edad nos abstenemos gustosamente de asistir a la feria, desde luego. El ruido es para nosotros el gran enemigo, incompatible con una agradable velada. Nuestro oído no está preparado para tanto bullicio.

De todas maneras, nos llena de alegría ver a la gente disfrutando de sus fiestas en televisión, por el canal municipal. Como siempre, las calles se llenan de carruajes ocupados por jóvenes y no tan jóvenes, y de mujeres paseantes, ataviadas con el traje de faralaes, con mantilla y flores en el pelo. Los lunares, los mantones y el colorido dan, sin duda, un aspecto vitalista y especial a la ciudad.

Me viene al recuerdo en estos momentos uno de los espectáculos más interesantes y coloridos que he visto nunca, el Enganche en la plaza de toros de Sevilla, divinamente adornada y ocupada por señores vestidos a la usanza y mujeres portadoras de preciosos mantones sobre el traje típico. Todo ello, bajo la bellísima luz de la ciudad.

Pienso en la cantidad de cosas bellas que la vida nos da para disfrutarlas y pretendo influir en las personas para hacerles ver lo mucho que importa cuidar la salud mental. Aun teniendo claro el sentido del dolor y del sufrimiento, podemos descubrir todo lo bueno que tenemos.

Hay que considerar lo que no nos duele, valorar lo que nos ha salido bien y, sobre todo, huir del pesimismo. Ser feliz consigo mismo, optimista, y estar abierto a otras interpretaciones. Pocas cosas me parecen tan interesantes como hablar con alguien que no piensa como tú.

A los mayores nos entristecen mucho las malas noticias... Será porque somos más frágiles y porque tenemos más tiempo para considerar las cosas, o porque somos más sensibles, yo qué sé.... Y sin embargo, raramente caemos en depresión o en una enfermedad mental.

Algo que sucedió esta mañana no se me va a ir pronto del recuerdo: entramos en una cervecería y solo había una mesa ocupada, por diez comensales jóvenes y menos jóvenes. Todos, sin excepción, consultaban sus móviles sin prestar atención a las personas a su alrededor...

Pienso que, en la actualidad, esta obsesión por estar permanentemente conectado con la tecnología priva al ser humano de la grandeza de la conversación en vivo. No quiero creer que algún día la gente se olvidará por completo de la maravilla del cambio de impresiones mirando a los ojos del interlocutor.

Es tal la dependencia que no importa la obsolescencia programada, saber que los dispositivos durarán muy pocos años.

A continuación, hablaré de un tema que resulta bastante controvertido, aunque es muy importante, sobre el que me gustaría expresar mi punto de vista: la decisión de vivir o morir; de permitir la vida o quitarla.

Hay muchas personas, como yo, que poco a poco nos vamos sintiendo preparadas para el final y rechazamos rotundamente la idea de la eutanasia, llegado el caso, o el suicidio como una medida desesperada (de hecho, me horroriza saber que crece tan alarmantemente el número de suicidios en nuestra sociedad). La vida es de Dios. Además de ser un crimen atroz, en mi opinión, necesita la horrible figura de un verdugo, que puede ser una persona ajena, en el caso de la eutanasia, o nosotros mismos, si hablamos de autolisis.

De igual modo, tampoco estoy de acuerdo con el aborto. ¿Por qué se practica, teniendo tan a mano la píldora anticonceptiva, tan fácil de adquirir en las máquinas expendedoras en la fachada de las farmacias?...

Si la sociedad frivoliza el aborto, si no protege el carácter sagrado de la vida, si reconoce derechos al feto solo cuando ya ha nacido..., no sé hasta dónde podremos llegar.

Esto me hace pensar que, además de un interés ideológico y político, detrás del aborto hay un magnífico negocio, tan rentable que reparte «sobres» a troche y moche.

Para despejar la mente de estos pensamientos tan tristes y dolorosos, hago venir a mi recuerdo los tres angelitos que se me fueron al cielo. Ellos son mi ayuda y mi refuerzo en medio de las adversidades, y sobre todo les pido que intercedan por la familia.

Personalmente, a veces se me hace un mundo contar a otros mis patologías, que son tres: una es un benigno tumor cerebral; otra, un problema en la sangre por aumento de plaquetas, y una tercera es una insuficiencia cardíaca.

Muchas veces, cuando mis íntimos amigos me preguntan cómo estoy, dudo si debo comunicarles esto y, sobre todo, me planteo cómo hacerlo para que no les cause gran preocupación. Y en ocasiones, me lanzó a ello, pero, cuando estoy intentando abrirme, me interrumpen diciendo: «Eso le pasó a mi madre», o «Eso lo he tenido yo...». Así pues, raramente consigo acabar de comunicar lo que me había preparado, y me preocupa que piensen que se lo estoy ocultando.

En cualquier caso, hablar sobre nuestros problemas es muy beneficioso. Mi amiga Laura es una gran comunicadora, me cuenta sus dificultades y sus ilusiones, y yo comparto con ella las mías, y eso me hace reparar en lo importante que es la conversación. En una de nuestras últimas charlas me recitó unos versos adorables:

La abeja se posa
en un botón de rosa,
liba y luego se va.
A fin de cuentas, la felicidad
es bien poca cosa.

La conversación, si se desarrolla por los cauces debidos, constituye una ayuda bienhechora para nuestra vida de seres agobiados por múltiples miserias.

La conversación nos acerca a los demás y nos da un profundo sentido de nosotros mismos; aligera nuestras fatigas, nos distrae de las preocupaciones, desarrolla nuestra personalidad y vigoriza nuestros pensamientos.

¿Estoy triste? La simpatía de quien conversa conmigo me consuela. ¿Me siento solo? La conversación pone fin a esa soledad, al menos por un rato.

Si se trata de una conversación importante, me considero honrado al verme tratado como persona de talento. Cuando converso por primera vez con alguien, tengo la impresión de estar viajando placenteramente por un país desconocido. Más adelante descubro también que mi interlocutor se enriquece por medio de nuestra conversación.

Estas reflexiones las he sacado de un libro encantador, cuyo título es *Ilustrísimos señores*, de Albino Luciani. Y en el mismo encuentro una graciosa crítica al «chismorreo» que a continuación os comparto:

Te cuento la cosa tal como la he sabido.
Juana se la confió a Vicenta.
Esta se la dijo a Nina y a Sapiencia.
Nina se la refirió secretamente a Tula.
Así llegó a oídos de Clemencia.
Que informó al punto a la bigotuda.
A esta, amiga mía, no le faltó premura
para decírmela a solas en confidencia.
Te la he dicho, porque estoy segura
de que eres mujer para guardar secreto.
Sabido con sacramental sigilo,
comadre, por amor de Dios, te pido
si a decirlo la tentación te lleva,
no digas nunca que por mí lo has sabido.

Hablamos de conversar, sí, pero no en detrimento de la verdad. Una cosa es conversar y otra muy distinta es estar de cháchara, ensartando, una tras otra, noticias insustanciales, ocultando la propia alma en vez de revelarla, desaprovechando la ocasión de ayudar con nuestras ideas.

Os pondré como ejemplo algunos de los temas de los que estuvimos conversando Laura y yo en su última visita.

En un momento dado, mi amiga se fijó en el gran retrato enmarcado que adorna mi pared. Se trata de una foto histórica en Nueva York. En ella se me ve en un barco y detrás aparecen ¡las torres gemelas! Mirar aquella imagen es rememorar ese espantoso suceso del 11 de septiembre del 2001, en el que unos locos perturbados estrellaron dos aviones contra las esbeltas torres, provocando muchísimos muertos. Hablamos acerca del tema, pero finalmente mi amiga decidió alejarse del mal recuerdo poniendo su atención en otra fotografía en la que se me ve en las Cataratas del Niágara, Canadá, y ella, como muchas otras personas que saben de mi viaje, me hizo preguntas al respecto que le contesté con gran placer: el ruido del agua, el asombro que causa esa expresión de la naturaleza...

Y como en toda conversación, luego las tornas cambiaron y fue Laura quien me habló de sus cuitas. Me confesó que se sentía disgustada consigo misma, pues ve que se deja llevar a menudo por su genio, lo cual complica las relaciones familiares y la entristece sobremanera.

Visto lo cual, la animé a que potenciara los recuerdos amables, que también son muchos, y que se refugiara en Cristo. Sin embargo, me hizo saber con gran pesar que ha descuidado su fe últimamente. Entonces, en ese momento, empezaron a sonar las campanas de una iglesia cercana. Su tronar alegre nos transmitió ánimo y fortaleza. Parecía que Dios nos estaba hablando. Sin duda, el sonido de las campanas despertó en nosotras sentimientos importantes y acrecentó nuestra espiritualidad.

A propósito de esto, le conté que estaba leyendo un libro sobre Santa Teresa, en el que se la describe como

[...] una persona cuya presencia anuncia una singularidad, y provoca admiración sin tener que esforzarse para ello. Su porte tiene una compostura natural, y es llanamente agradable, incluso atrayente. Es hermoso ir descubriendo que es de su lucha interior de donde sale su especial atractivo. Y se atisba la paz interior de una larga y fructífera vida; en el continuo gozo de una verdadera esperanza, del amor

Viaje a la ciudad de Nueva York. A la izquierda, llegando a la Estatua de la Libertad. Abajo, delante de las Torres Gemelas. Año 1997.

por el prójimo, del hábito de pensamientos puros y nobles, de la confianza, y el esfuerzo.

Esta gran santa nos dejó versos magníficos como este:

Si queréis que esté holgando,
quiero por amor holgar.
Si me mandáis trabajar,
quiero morir trabajando.
Decid, ¿dónde, cómo, y cuándo?
Decid, dulce Amor, decid:
¿Qué mandáis hacer de mí?

Seguidamente, para animar a mi amiga Laura, le narré este pequeño cuento:

Un hombre se perdió de noche en el bosque, y encontró a una viejecita ciega. Esta le dijo: «No te preocupes, yo te llevaré y te conduciré por el camino». Le toma de la mano y caminan juntos. Es la Fe...

Le conté también que en mi lucha personal aparece un amigo sorprendente, asombroso, imposible de descifrar: el misterio.

Misterio es las estrellas suspendidas en el cielo de la noche. Misterio es mi propia voz, que, saliendo del esófago, al llegar a la garganta, se convierte en palabra. Misterio es la risa de un bebé ante las carantoñas de su madre. Misterio es el párpado, esa perfecta persiana que nos facilita el sueño...

De nuevo, Laura recurrió a su afición a la poesía y me recitó lo siguiente:

Tras una amoroso lance
Y no de esperanza falto
volé tan alto, tan alto,
que le di a la caza alcance.

Volviendo a mi vida en Granada, yo, que no tengo el bachiller, hace años decidí intentar acceder al examen de ingreso a la universidad para mayores de veinticinco años. Me animó mi gran amigo Gregorio Varela y me ayudó mi cuñado, Manolo García Aquino, que me subrayó lo que le parecía importante en los libros de bachiller de mis hijos.

En septiembre me presenté en el Palacio de las Columnas y tuve enorme suerte con los temas que me tocaron, de modo que me lucí, la verdad.

Al día siguiente, el profesor Pita, que había estado en el tribunal (más tarde, llegó a ser director del Museo del Prado), llamó a mi marido para notificarle mi éxito en el examen. Este señor era de origen gallego, como mi marido, y asistía como nosotros a las reuniones que organizaba nuestro amigo Ramón «Congrelos».

Me matriculé en Filosofía y Letras, y empece el primer curso, que entonces se impartía en el Hospital Real. Pero debo expresar mi decepción al ver el comportamiento de los alumnos: no se levantaban al entrar el profesor, no guardaban el silencio necesario y sus vestimentas dejaban mucho que desear. Este natural comportamiento —para la época— debo confesar que fue un impacto para mí.

Sin embargo, sí saqué muchas cosas positivas de los profesores. Precisamente, observé en uno de ellos una cosa curiosa: jamás pronunciaba el pronombre personal de primera persona, o sea, nunca decía «Yo creo», «Yo estuve», «A mí me parece»...

Otro profesor me hizo caer en la cuenta de que vemos las cosas sin reparar en ellas. Un día, nos formuló esta pregunta: «¿Puede alguno de ustedes describirme la imagen de la Virgen del Triunfo, bajo la cual han tenido que pasar para venir aquí?».

Ninguno de nosotros pudimos responder, pero nos sirvió para tener otra actitud en el futuro.

Pocos meses después de empezar el curso, se me presenta un nuevo embarazo, mi futuro cuarto hijo, y decidí abandonar todo lo que no fuera dedicación a este acontecimiento y dejé mis sueños universitarios. No obstante, siempre recordaré esta como una etapa muy fructífera, en la que aprendí y disfruté mucho, y de la que me siento tremendamente orgullosa.

Y es que, sin duda, la escuela nos ha enseñado las bases de cada materia, y la universidad, a profundizar en una de ellas, la que elijamos, pero el aprendizaje sobre la vida se obtiene fuera, en las calles, gracias a las experiencias, como los viajes que hacemos. Uno de ellos, que recuerdo con un cariño especial, fue a París, para asistir a un congreso de medicina (lo cierto es que los congresos médicos me llevaron a varios lugares, como Berlín, donde pude ver los vergonzosos restos del muro y la famosa Filarmónica, y disfrutar en los bares de su exquisita cerveza).

En aquella ocasión en la ciudad del amor, nos llevaron por el río Sena e hicimos un paseo en el Bateau Mush, ese delicioso barquito. En él conocí a una persona inolvidable, mujer de un famoso doctor, y me asombró de ella su desenvoltura manejándose perfectamente en varios idiomas. Era además jovencísima y atractiva. Charlando con ella, le pregunté cómo es que hablaba tantos idiomas, y esta fue su contestación: «Mis padres me privaron de vacaciones de diversión, llevándome cada verano a un país distinto».

El hecho de que todos estos pequeños recuerdos se hayan quedado en nuestra memoria para siempre, mientras que otras cosas más importantes se olviden constituye otro misterio más...

Y hablando de viajes, hay uno que merece mención especial como uno de los más importantes de mi vida: nuestra visita a Jerusalén. Allí recorrí, acompañada de mi marido y de mi hijo Ángel, los Santos Lugares. Me emocioné profundamente al ver el recinto en que estaba María rezando cuando el ángel entró para anunciarle la gran noticia que cambiaría el curso de la historia. El lugar está ambientado por una preciosa música y la más hermosa y tenue iluminación. Todo, inmerso en un silencio lleno de paz.

Actualmente, en 2024, el corazón se me llena de tristeza al ver las guerras tan próximas a esos Santos Lugares. Allí donde nació Cristo para traernos precisamente la paz... La impresión de mi marido y mi hijo fue tan intensa como la mía. Acercarse a esos lugares es despertar en el espíritu deseos de conocimiento y estudio sobre aquellos emocionantes parajes, y sentirse cerca de figuras extraordinarias, como los Reyes Magos o los pastores de Belén, que unieron sus presentes y se personaron para adorar a Jesús recién nacido...

A menudo contemplo las fotografías y leo los apuntes sobre mis impresiones y se me despiertan deseos de volver a tan maravillosa tierra, para de nuevo extasiarme con aquellos acontecimientos y aplaudir a quienes con tanto amor cuidan de ellos. Pero, de momento, solo nos queda la posibilidad de elevar nuestras oraciones para que vuelvan la paz y la normalidad a Tierra Santa.

Particularmente, teniendo mi marido un amigo nacido en Marruecos, tuvimos una encantadora vivencia. Este amigo estudió Medicina en Granada a la vez que mi marido. Ahí se conocieron y de esa casualidad surgió una bonita amistad.

De piel completamente negra (como el legendario Juan Latín, primer catedrático de esa raza en Europa quinientos años antes), el Dr. Ibrahim Saharaui era tan simpático que, cuando pasaba delante de una mujer guapa, le decía: «Niña, metiés negro».

Este amigo (casi hermano), siendo ya médico notable, nos invitó a Casablanca, donde por entonces trabajaba nuestro hijo Ángel. Tuvimos la suerte de que nos llevara Manolo Echevarría, destacado piloto profesional, en su avioneta. Recuerdo aquel vuelo como emocionante y precioso.

La mujer de Manolo, mi gran amiga Rurry, hablaba en francés con la torre de control del aeropuerto para tomar tierra. Una vez allí, nuestro amigo, el Dr. Saharaui, nos comunicó que estábamos invitados a una fiesta de colegas suyos en su casa. Fue una memorable experiencia.

Médico muy conocido, había organizado con ayuda de su esposa, Tal, una albaicinera, una fiesta para nosotros como las de *Las mil y una noches*. Pasaban manjares deliciosos en andas con sus típicas carnes, y las damas, con trajes largos, lucían cinturones de oro de diferente grosor.

De allí nació mi amistad con Mariam, entonces adolescente, hija de nuestros amigos, que tiene la doble nacionalidad. Esta niña pronto vino a Granada para hacer la carrera de Farmacia, que finalizó con unas notas excelentes, y luego se especializó en Inglaterra y Francia, para finalmente llegar a ser investigadora del Centro Español de Investigaciones Científicas.

Desde jovencita empezó a venir por casa con asiduidad y he seguido con gran placer su trayectoria. A menudo me recuerda con cariño algunas anécdotas, como que yo la llevaba al gimnasio y a muchos otros sitios...

Hoy en día nos frecuenta junto con mi ahijada Inés y es para mí un privilegio conversar con las dos, tan iguales y tan distintas, una morena y la otra rubia. Inés tiene, más o menos, la misma edad que Mariam y es también farmacéutica, hija de Marisol, una de mis mejores amigas. Madre de tres hijos, todos en mi familia la admiramos —uno de mis hijos dice que es presidente de su club de *fans*—, por su actitud en la vida, un auténtico ejemplo de longanimidad.

En el pasado mes de junio de 2024, el día de las elecciones europeas, acudí tempranito a votar, y lo hice a la fuerza, por sentido del deber democrático, sin poder comprender por qué fuerzas iguales no se unen, cuando se entiende que pueden compartir buena parte de sus planteamientos más esenciales, si es su principal interés sacar a España adelante, como dicen...

Percibí el orden y el buen comportamiento, sí, pero es fácil ver la poca afluencia de votantes...; en este caso en especial, en las elecciones al Parlamento Europeo, pero también en las municipales, autonómicas y nacionales... Hace mucho tiempo que siempre gana «el partido de los que no votan». ¿Por qué será? ¿Es que eso no tiene importancia? Los periodistas y los políticos no pueden ocultar esa verdad, pero tampoco la explican.

Ya en *La República* de Platón se denuncian signos de decadencia democrática cuando esta se hallaba recién nacida, hace dos mil y pico años, cuando los gobernantes eran aceptados por los electores solo a condición de que autoricen los peores excesos.

Al que cumple las leyes lo llaman «estúpido». Los padres no se atreven a corregir a sus hijos. El maestro teme al alumno y el alumno desprecia al maestro. Las mujeres, en el vestir, quieren parecerse a los hombres... ¿A qué nos suena esto? ¡Por favor!

Si Platón levantara la cabeza, los ojos se le pondrían como platos, maravillado de los progresos científicos y tecnológicos y de las habilidades nuevas del ser humano. Pero ese avance físico —no en todos los países, por cierto— en absoluto se compadece con el desarrollo cívico y moral, que en parte ha retrocedido.

Esta supuesta Edad Moderna se siente próspera, pero en el fondo todos sabemos que en buena parte todo es como humo de pajas. Nuestros dirigentes nos enseñan a mentir, a aceptar la mentira como mal menor, y se pelean y se insultan gastando el tiempo y el dinero de todos. Huyen de las verdaderas soluciones porque viven de la gestión de los problemas. Ponen a los más sabios en nómina, retuercen las estadísticas y subvencionan a los periodistas, cuyo objetivo ya no es la búsqueda de la verdad, sino la dosificación y edulcoración de la mentira.

En fin, así es la política de hoy día...

Volviendo a aquel día de las elecciones, una atractiva joven me reconoció como *instagramer* y me preguntó a la puerta del colegio electoral qué hacía para estar activa a los noventa y un años... Le contesté, como ya el lector puede suponer, que el secreto está en cuidar el cuerpo y cuidar el alma.

Después de votar, como es de costumbre ya, me tomé unos churros con chocolate; este año, acompañada de Yareli, mi cuidadora y secretaria. Como era domingo, luego entramos en la iglesia para escuchar misa y pedir a Dios por el futuro de nuestro país, pues cada vez se conocen más casos de corrupción y malversación, y eso me aterroriza. Hasta dónde vamos a llegar...

Precisamente ese día, España, a través de la televisión, se hallaba escandalizada por las andanzas de un farsante que había manipulado a unas monjitas de clausura, allá en un pueblecito de Burgos. Es fácil de adivinar el interés que causan en determinadas personas esos conventos semivacíos, de gran potencial inmobiliario. Y se ve con claridad lo sencillo que habrá sido para este individuo trastocar la mente de las religiosas, que hasta ahora solo sabían de oración, renuncia y sacrificio en bien de su alma y de la sociedad, a la que benefician con su oración. O eso opino yo.

Este caso me entristece profundamente, pues guardo un sentimiento muy especial hacia las religiosas que entregan su vida a la oración en reclusión. La Orden de las Clarisas tiene su convento en Granada y dos de sus monjitas, de nacionalidad india, son mis ahijadas desde hace treinta años. Y puedo asegurar que, habiendo entrado en el convento con diecisiete años, hoy son dos mujeres de gran cultura y preparación, que desarrollan su actividad espiritual en bien del mundo entero, rezando continuamente y ofreciendo sacrificios por la humanidad. Por añadidura, cantan como los ángeles.

A menudo voy a visitarlas a través de una reja que parece medieval. Mi hija, uno de mis hijos y los hijos de ambos gustan de acompañarme a saludarlas; lo hacemos al menos una o dos veces al año, desde el principio de su ingreso. Me encanta oír a mi familia decir que respetan y admiran a estas mujeres extraordinarias

Recientemente he descubierto que existe un arte nuevo, una metodología para ser «buenos ancianos». Ante las limitaciones y el deterioro, el remedio clave es reaccionar contra todo pesimismo o egoísmo.

Creo también, como Donoso Corté, aquel estupendo filósofo español, que «el mundo necesita más oraciones que batallas» y que «nosotros, los ancianos, ofreciendo a Dios nuestras penas y esforzándonos por soportarlas serenamente, podemos influir grandemente en los problemas de los hombres que luchan en el mundo»

A finales de la Edad de Piedra, la esperanza de vida del ser humano estaba entre los veinticinco y los treinta y cinco años, y hoy se sitúa más allá de los ochenta, al menos en nuestro país y los de su entorno. Esto último, hace tan solo unos años, era impensable, pues recuerdo que en mi clase de colegio solo había una niña que tuviera a dos de sus abuelos vivos. En cambio, ahora los mayores vivimos tanto porque la higiene, la ciencia médica y la generalización del derecho a la salud lo han propiciado así. Pero también porque los mayores sabemos cuidarnos, atendemos a las recomendaciones de los médicos y hacemos ejercicio a diario.

La geriatría es una especialidad relativamente joven, pero se ve claramente que tiene por delante un magnífico futuro. Y a mí no me queda otra que dar las gracias por la gran labor que ejercen por nosotros, los ancianos.

Desde mis ventanas tengo la suerte de ver Sierra Nevada, el Mulhacén, el pico Veleta, el Caballo, los Tajos de la Virgen, los Arenales del Trevenque y el cerro de Huenes; todos ellos, lugares preciosos, frecuentados y cuidados por los agentes forestales, que se desviven por su seguridad con una vocación y un amor que conozco bien.

Mi hijo Pablo, el menor de mis varones, es uno de ellos, especialista en aves —sobre todo, rapaces, águilas y quebrantahuesos— y en la investigación del origen de los incendios forestales. Él los vive con entrega; yo, en cambio, con gran miedo. No obstante, me emociona oírle contar el cuidado que pone en la supervisión y el seguimiento estadístico de los nidos del águila real en Sierra Nevada, que se toma como algo personal desde hace treinta años. El objetivo es la supervivencia de esas aves y cómo cuidarse de que los visitantes no perturben la paz de Sierra Nevada, lo que es un arduo trabajo.

Pablo es muy apreciado en su entorno laboral. No olvidaré jamás cómo un numeroso grupo de sus compañeros acudieron vestidos de uniforme al cementerio de Granada, con motivo del sepelio de su padre, mi marido, y se posaron junto a él en aquel acto.

En realidad, no puedo evitar sentirme tremendamente orgullosa de los hijos que tengo, por ser grandes personas y profesionales que se esfuerzan por hacer del mundo un lugar mejor.

Recientemente, mi primogénito, Juan, ha regresado a Granada después de su jubilación. Él ha empleado cuarenta y cuatro años de su vida a trabajar en una gran fábrica en Algeciras enfocada en la conversión de los residuos del petróleo en la materia prima de los tejidos sintéticos.

Para mí es una satisfacción tenerlo cerca con toda su familia. Todos mis nietos son guapos, pero los tres nietos de Juan, mis bisnietos, lo son en otro grado.

Estar jubilado le permite practicar deporte diariamente, después de haber sido un nadador de competición y rugbista. Es veterano de los Cuerpos de Operaciones

Especiales del Ejército español, entorno en el que cuenta con muchos amigos que se reúnen a menudo a desfilar por placer.

En cuanto a Ángel, el segundo de mis hijos, es un periodista retirado que arrastra una diabetes desde hace más de cuarenta años, y hace más de quince que se fue a vivir a La Herradura.

Acaba de afiliarse a la ONCE por la afectación de su vista, que, por el contrario, «no le impide hacer lo que le da la gana en todo momento», dice. Se analiza el azúcar en sangre siete veces o más al día, y se pincha otras tantas, pero nunca lo he oído la mínima queja.

Sacó de su padre, y de su madre también, la capacidad de relacionarse con todo tipo de personas y hace gala de una cultura enciclopédica. Siempre se ha traído entre manos algún proyecto que le apasiona. El último, la recuperación de una barca tradicional de pesca, la jábega, común en los viejos tiempos en las costas de Granada y Almería, hoy desaparecida. Quiere que vuelva a las playas donde solía navegar, ahora convertida en vehículo deportivo y un espacio social y cultural.

Aún me preguntan por *Arrayán* y por *Plaza Alta*, teleseries históricas de Canal Sur, cuando se hablaba en andaluz contemporáneo en televisión. Fue escuela de decenas de nuevos actores y apoyo para veteranos. Un «clásico». Ganó incluido un Premio Ondas.

Bueno, pues el productor fue mi hijo Eduardo, que hizo feliz a varias generaciones de andaluces. A las diez de la noche, cinco días a la semana, más de un millón de telespectadores llegaron a seguir con entusiasmo cada capítulo de las aventuras de sus personajes.

Luego de que el canal andaluz diera fin a su serie de bandera, Eduardo se sobrepuso y subió aún más escalones en su carrera profesional. Hoy vive casi en el AVE, porque su trabajo transcurre principalmente en Madrid, pero persiste en residir en Granada, para mi fortuna.

Tengo la alegría de ver su éxito actual como productor de series y películas para el mercado nacional e internacional, y a menudo me llama por teléfono o me manda un mensaje desde Florida o Los Ángeles.

Y sería egoísta no expresar el profundo cariño que profeso hacia mi única hija, Marta, y su familia. Siempre he manifestado que Jesús, su marido, es mi yerno favorito... Tampoco tengo otro. Y debo dar gracias a Dios por mis hijos, nietos, bisnietos y mis nueras, una de las cuales lleva con gallardía y estilo los importantes dolores que padece.

Marta fue la alegría de la casa desde el principio, y hoy representa la cabeza pensante en los asuntos familiares, como le reconocen sus hermanos. Va a cumplir cincuenta años y es una supermujer.

Respecto a su trabajo, es clave en la comunicación de su empresa, una cadena hotelera con sede en Almería. Es además madre de tres hijos que son buenos estudiantes, simpáticos y cordiales, y los dos chicos, por añadidura, jugadores de rugby.

Está pendiente de mí y hablamos por teléfono varias veces al día, y viene con frecuencia a verme desde Almería. Yo diría que demasiado a menudo; no por mí, desde luego, sino por ella. El único defecto que veo en mi hija es que conduce demasiado rápido y, además, al tiempo que habla por teléfono. Se lo prohíbo («Ni manos libres ni perrito que te ladre»), pero no me hace caso.

En La Herradura, mis cuatro varones. Finales de los años 60.

Mi hija Marta en su boda, junto con su marido y hermanos. Año 2002.

En esta edad avanzada, «penúltima etapa de la vida», es evidente que se suman enfermedades propias y grandes limitaciones, pero no es excusa para abandonarse. Puede ser compatible con una actitud optimista, que viene, en mi caso, de mi acercamiento a Dios.

Al examinar mi vida, veo que he sabido descubrir el valor de las cosas pequeñas, entretejidas de hechos y situaciones aparentemente sin relieve, costumbres reiteradas que fácilmente podrían desembocar en una existencia rutinaria y superficial. Sin embargo, la actitud personal ha podido hacer algo grande de esas cosas pequeñas.

Hechas por amor, las nimiedades se convierten en algo más trascendente, porque «hay un algo santo, divino, escondido en las situaciones más comunes, que nos toca a cada uno de nosotros descubrir». Y me atrevo a decir que podemos cambiar el mundo si llevamos a cabo breves actos cada día; acciones relacionadas con la generosidad, con el compartir...

Hemos sabido dar valor a las pequeñeces, que son las que mantienen viva la llama y encendida la luz. No nos han faltado ocasiones para demostrar a través de lo pequeño, de lo normal, el amor que hemos sentido por todo lo que nos rodea.

A punto de terminar de escribir este librito, siento que dejo plasmado aquello que fue importante en mi vida o que puede ser útil a los demás, aunque de seguro habré omitido muchas cosas, debido a mi frágil memoria, que vendrán a mí cuando sea demasiado tarde...

El esfuerzo no ha sido pequeño, pero sí muy grato.

Verdaderamente, la vida es toda una experiencia. Yo había oído hablar de las residencias de mayores y, cuando supe que mi amiga Rurri había sido trasladada a una de ellas, llamada El Refugio, me apresuré a visitarla, preocupada por la mala impresión que me habían causado los informativos de la televisión sobre estas instituciones.

¡Y qué sorpresa me llevé!

Desde la entrada, percibí una grata sensación, pues el edificio está rodeado de magníficos árboles que proporcionan sombra acogedora y tranquila.

Ya en la entrada, me topé con un amplio y luminoso *hall*, en el que abundaban agradables asientos. A la derecha, una puerta muy antigua daba paso a una capilla. En una larga galería, parte del *hall*, a la derecha, había cómodos bancos; a la izquierda, una barandilla donde poder apoyarse...

Llamaron mucho mi atención los cuadros en las paredes y, entre ellos, me encontré con una emocionante información. Me enteré de que ese lugar fue fundado en 1513 por una hermandad constituida por la familia Dávila y otras muchas personas de Granada. La Orden de las Hijas de la Caridad que asisten a las residentes ha sido últimamente sustituida por una orden de religiosas colombianas.

Luego, mi atención se centró en la actitud de las ancianas. Unas, paseando con su andador; otras, más ágiles, sin ayuda; pero todas iban arregladitas, agradables de ver, y juraría que moderadamente felices.

Merece especial mención la limpieza absoluta de sus aseos y de todos los detalles, como el hecho de que cuenten entre sus instalaciones con varios comedores, en función del grado de gravedad de los residentes. En unos, comen las personas que están mejor; otros están destinados para aquellos con menos capacidad. E incluso había otros para los mayores en peor situación. Como estaba próxima la hora de comer, los residentes esperaban cómodamente en sus butacas. La mayoría, dormidos o somnolientos.

En medio de esta realidad (seres humanos privados de libertad y de compañía de sus seres queridos), se respira una atmósfera de serenidad. Se adivina un trabajo bien hecho, una entrega absoluta al cumplimiento del deber, que se traduce en bienestar para estos ancianos.

Durante mi visita a la residencia, me asombró escuchar una inesperada voz cascada, aunque no por eso menos agradable, cantando *Quién será*, de Los Panchos:

Quién será la que me quiera a mí.
Quién será, quién será.
Quién será la que me dé su amor.
Quién será, quién será.

De repente, aquella canción hizo que la gente abriera sus ojos y esbozara una pequeña sonrisa.

Mi encuentro con Rurri fue muy emocionante para mí. Siempre recordaré a esta querida amiga como una mujer fuerte, capaz, compañera de su marido pilotando avionetas, pianista, ejemplar en los momentos trágicos de su vida, siempre dispuesta a ayudar, inteligente, culta y muy familiar (siempre empleaba sus vacaciones en viajar con su familia en caravana). Nunca olvidaré sus comentarios después de visitar Éfeso, la impresión que le causó la atmósfera espiritual que se respiraba en aquel maravilloso lugar...

Ahora no se sabe si Rurri atiende, si escucha, pero sí se percibe una sonrisa en su rostro con cierto interés y sorpresa. Le hice entrega de una maceta y una preciosa estampita de la Virgen de las Angustias, y le di un tierno beso.

Al salir, me detuve a observar lo que me rodeaba. Me crucé con las monjitas portadoras de pesadas bandejas, sonrientes, hábiles...; se diría que no sienten el calor asfixiante dentro de sus largos hábitos. ¿Sabrán ellas el bien que nos hacen al contemplar su vida de entrega, su sonrisa, su actitud..., en contraste con el ambiente de indiferencia, de egoísmo, de enfrentamientos en el que vivimos?

En definitiva, me prometí a mí misma volver una vez en semana, y hasta ahora siempre lo he cumplido, incluso a veces de la mano de alguno de mis hijos o de amigas que quieren a Rurri tanto como yo. De esas visitas nos llevamos siempre una agradable sensación, y también alguna que otra anécdota. Como aquella vez en la que me acompañó mi hijo Ángel y quedó tan impresionado con el ambiente del recinto que le preguntó a una enfermera si podía quedarse allí. Y a la negativa respuesta de ella, contestó: «Estoy dispuesto a cambiar de sexo...». Esto nos hizo reír a todos.

Aquella primera vez que fui a ver a Rurri, me marché de El Refugio dispuesta a hacer un repaso de mi vida, sin dejar de pensar en esa capilla y en ese conjunto de seres humanos haciendo el bien... Y cuando llegué a casa, me sometí a un examen interior.

Al sincerarme conmigo misma, me di cuenta de que, aunque me voy sintiendo un poquito peor físicamente debido a mis enfermedades, mi actitud frente a la vida, por el contrario, mejora cada día. Saco fuerzas de flaquezas, valoro la ayuda que recibo y aprovecho el cariño de mis hijos y nietos.

Pero la gran pregunta es si lo podría hacer mejor, antes de exponerme a lo inevitable. Y es que morir asusta, claro; aunque yo tengo la inmensa suerte de ser persona creyente y he empezado a ver la muerte como un medio para encontrarme con Dios y con aquellos seres queridos que se fueron al cielo.

Dejar de tener miedo y de quejarse es la clave contra el tiempo. Esa es mi percepción. Y gracias a esta filosofía, a pesar de la edad, me considero muy feliz, y me gustaría que todos los mayores también lo fueran. Por eso, no me cansaré de compartir ese valioso consejo de cuidar el cuerpo y cuidar el alma que ha hecho y hace tanto por mí. Ni tampoco dejaré de predicar jamás el gran lema que me acompaña y me respalda siempre, ese que dice que, para vivir, hay que tener ganas. Muchas ganas.